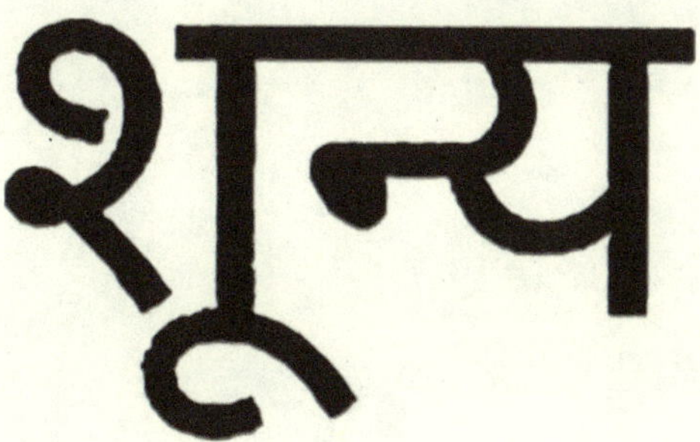

माया शेनोइ

INDIA • SINGAPORE • MALAYSIA

ISBN

Hardcase 979-8-89724-751-6
Paperback 979-8-89699-902-7

समर्पण

यह पुस्तक मेरे माता-पिता श्री ए. वेंकटेश्वर शेनोई और स्वर्गीय श्रीमती मुक्ता शेनोई को समर्पित है।

मेरे प्रिय माता-पिता के लिए,

शब्दों की शक्ति और सपनों की ताकत सिखाने के लिए धन्यवाद।

यह पुस्तक उन मूल्यों, शक्ति, और दृढ़ता का प्रमाण है, जो आपने मुझमें संचारित किए हैं। मेरे प्रारंभिक दिनों से ही, आपने मेरी कल्पना को पोषित किया, मेरी जिज्ञासा को प्रोत्साहित किया, और मुझे धैर्य और कड़ी मेहनत का महत्व सिखाया।

इस पुस्तक का प्रत्येक पृष्ठ आपके द्वारा सिखाए गए पाठों, दिए गए प्रोत्साहन, और मुझ पर आपके उस विश्वास को दर्शाता है, जो आपने तब भी रखा जब मुझे स्वयं पर संदेह था।

गहरी कृतज्ञता और अपने समस्त प्रेम के साथ, यह आपके लिए है।

– माया

अंतर्वस्तु

प्रस्तावना

आह, अद्वैत वेदांत वह जीवन-परिवर्तनकारी, मस्तिष्क-विस्तारक, और कभी-कभी वास्तविकता को झकझोर देने वाला दर्शन! इस प्राचीन विचारधारा पर आधारित पुस्तक पढ़ने के कारणों में जाने से पहले, एक ईमानदार चेतावनी से शुरुआत करते हैं: अद्वैत वेदांत को समझने का प्रयास ऐसा है जैसे तीन महीने तक आपकी जेब में पड़े हेडफ़ोन को सुलझाने की कोशिश करना। बस फर्क यह है कि हेडफ़ोन की जगह आपकी पूरी वास्तविकता की धारणा है, और आपकी जेब की जगह अनंत ब्रह्मांड।

रोमांचित हुए? होना भी चाहिए!

"अद्वैत वेदांत—अद्वैतवाद का दर्शन—बिल्ली की आत्मविश्वास भरी चाल से, जो पानी का गिलास गिरा देती है, यह घोषणा करता है कि जो दुनिया आप जानते हैं, वह एक माया है। जी हां, जो कुछ भी आप सोचते हैं कि आप जानते हैं—आपकी नौकरी, आपका कर्ज, फ्रिज में बचा हुआ पिज्जा—सब माया है, यानी ब्रह्मांडीय छल। अद्वैत के अनुसार, केवल एक ही सच्चाई है: ब्रह्मन्, जो अनंत, शाश्वत, और निराकार है, और जो आप, मैं, और वह बचा हुआ पिज्जा, सब कुछ वही ब्राह्मण है। हैरान हुए न?

तो, इस अस्तित्ववादी गहराई में उतरने की वजहें क्या हैं? यहां कुछ मजेदार और गहराई भरी वजहें हैं:

1. क्योंकि नेटफ्लिक्स जीवन का अर्थ नहीं समझा सकता:

सच कहें तो, आपने हर संभव सीरीज देख डाली है। लेकिन जहां स्ट्रीमिंग सर्विस आपको पलायनवाद का मनोरंजन दे सकती है, वे जीवन के बड़े सवालों का उत्तर नहीं दे सकतीं: मैं कौन हूं? मैं यहां क्यों हूं? और मैंने रात 2 बजे पूरा चिप्स का पैकेट क्यों खा लिया? अद्वैत वेदांत न केवल इन सवालों का सामना करने का वादा करता है, बल्कि उत्तरों की आवश्यकता को ही मिटा देता है। चौंक गए? होना भी चाहिए!

2. यह तर्क को तुरंत खत्म कर सकता है

कभी ऐसी बहस में फंसे हैं जहां आपका दोस्त कहता है कि पिज्जा पर अनानास होना चाहिए? अद्वैत वेदांत का प्रवेश करें: "तुम और मैं एक हैं। अनानास और पिज्जा एक हैं। सब एक हैं।" बहस खत्म। अब आप शांति से अपना खाना खा सकते हैं।

3. यह थेरेपी से सस्ता है

तनाव में हैं? चिंतित हैं? हमेशा थके हुए हैं? अद्वैत वेदांत के अनुसार, आपकी समस्याएं अस्तित्वहीन हैं क्योंकि आप स्वयं अस्तित्वहीन हैं। हां, वह "आप" जो काम की समय सीमा और पारिवारिक नाटक को लेकर चिंतित है, बस आपके अहंकार की रचना है।

4. पार्टियों में बेहद बुद्धिमान दिखने का मौका

कल्पना करें, किसी ने आपसे पूछा, "आप क्या कर रहे हैं इन दिनों?" और बजाय के काम के बारे में बुदबुदाए, आप जवाब दें, "बस द्वैत की माया और अस्तित्व की एकता पर विचार कर रहा हूं।" वाहवाही के लिए तैयार हो जाइए।

5. यह आपके दिमाग के लिए योग जैसा है

योग आपकी मांसपेशियों को खींचता है; अद्वैत वेदांत आपके आध्यात्मिक विचारों को खींचता है। यह दर्शन मानसिक लचीलापन, विरोधाभासों पर विचार करने की क्षमता, और उस हर चीज़ को छोड़ने की इच्छा की मांग करता है जिसे आप वास्तविकता के बारे में जानते थे। अदो मुख स्वानासन को भूल जाइए; अब ऊर्धवा मुख ब्रह्मन् आज़माइए।

6. हर गलती के लिए माया को दोष दें

बैठक में देर हो गई? माया। दोस्त का जन्मदिन भूल गए? फिर माया। अद्वैत वेदांत की दुनिया में, हर गलती माया की छाया है।

7. यह एक ब्रह्मांडीय अहंकार परीक्षा है

हम ऐसी दुनिया में रहते हैं जो सिर्फ "मैं, मैं, मैं" के बारे में है। अद्वैत वेदांत आपको धीरे से याद दिलाता है कि "मैं" वास्तव में अस्तित्व में नहीं है। आपका अहंकार?

यह तो बस आपकी कल्पना का एक अंश है। आपके सोशल मीडिया अनुयायि? वे भी काल्पनिक हैं। यह विनम्र करने वाली सच्चाई मुक्तिदायक हो सकती है। या डरावनी। या दोनों। किसी भी तरह, यह अनुभव लेने लायक है।

8. यह एक से बढ़कर एक विचार देता है

"तत्वमसि" ("तुम वही हो"): जब कोई आपसे आपका परिचय एक वाक्य में पूछे।

"ब्रह्मन् सत्य है; जगत माया है": यह लोगों को हर चीज़ पर सवाल उठाने के लिए मजबूर कर देगा, यहां तक कि यह भी कि उन्होंने आपको क्यों बुलाया।

"ब्रह्मन् को जानने वाला स्वयं ब्रह्मन् बन जाता है": यह समान रूप से काव्यात्मक और अस्तित्व को झकझोरने वाला है।

9. आपको समझ आएगा कि बिल्लियां शून्य में क्यों घूरती हैं

क्या आपने कभी गौर किया है कि बिल्लियाँ शून्य में पूर्ण निर्विकारता के साथ देखती हैं? ऐसा इसलिए है क्योंकि उन्होंने पहले ही अद्वैत वेदांत समझ लिया है। उनके लिए यह स्पष्ट है कि वे और ब्रह्मांड एक ही हैं। अद्वैत का अध्ययन आपको आपकी बिल्ली जितना अद्‌त नहीं बनाएगा, लेकिन यह एक शुरुआत हो सकती है।

10. यह जीवन का असली समाधान है

धन, प्रसिद्धि, या इंस्टाग्राम लाइक्स पाने की चिंता क्यों करें, जब अद्वैत वेदांत आपको यह बताता है कि आपके पास पहले से ही सब कुछ है, क्योंकि आप ही सब कुछ हैं? यह संतोष प्राप्त करने का परम शॉर्टकट है। न तो किसी भविष्य योजना की ज़रूरत है और न ही किसी विचार-गोष्ठी की।

अंत में, अद्वैत वेदांत का अध्ययन करना एक आध्यात्मिक खजाने की खोज पर जाने जैसा है, जहां खजाना यह समझ रहा है कि आप ही हमेशा से वह खजाना थे। यह गहन है, जटिल है, और कभी-कभी मजेदार भी। और कौन जानता है? आपकी यात्रा के अंत तक, आप शायद आत्मज्ञान प्राप्त कर लें। या कम से कम एक बेहतरीन पार्टी में मज़े की चाल तो ज़रूर प्राप्त कर लेंगे।

यह किताब मैं क्यों लिख रही हूँ?

मेरे व्यक्तिगत विचार में, कई हिंदू और अन्य लोग सोचते हैं कि हिंदू धर्म का मतलब है दुनिया भर के लाखों मंदिरों में सैकड़ों देवी-देवताओं को विस्तृत पूजा और अनुष्ठान करना, साथ ही जाति, लिंग और मत के आधार पर "शुद्धि" या पवित्रता के नाम पर भेदभाव करना। सोचिए और वास्तव में विश्लेषण कीजिए, क्या आपको लगता है कि यही हिंदू धर्म है?

इस पुस्तक में, मैं, लेखक, हिंदू धर्म के तत्वमीमांसा की इस यात्रा को अंतिम सत्य की खोज के लिए करती हूँ और आपको, पाठकों, को मेरी यात्रा, विचारों और निष्कर्षों का एक खिड़की के पास से दृश्य प्रस्तुत करती हूँ। आप इन सब बातों से सहमत हो सकते हैं या नहीं, या शायद एक भी बात से सहमत न हों; याद रखने वाली बात यह है कि यह एक खिड़की का दृश्य है, और आप केवल एक साक्षी हैं, जैसे कि आप और मैं वास्तव में अपने जीवन में केवल साक्षी ही हैं। दृश्य का आनंद लें और इस यात्रा का भी।

अस्वीकरण

यह पुस्तक एक गैर-कथा (नॉन-फिक्शन) कार्य है, जिसे मुख्य रूप से जानकारी प्रदान करने, शिक्षित करने और समझ को बढ़ावा देने के उद्देश्य से लिखा गया है। इसमें प्रस्तुत विचार, व्याख्याएँ और जानकारी लेखक के शोध, अध्ययन और विषय की समझ पर आधारित हैं।

लेखक और प्रकाशक ने सामग्री की सटीकता सुनिश्चित करने के लिए हर संभव प्रयास किया है। हालांकि, वे यह दावा नहीं करते कि पुस्तक त्रुटियों या चूक से मुक्त है। पाठकों को जानकारी की पुष्टि करने और आवश्यकता होने पर अतिरिक्त संसाधनों की तलाश करने के लिए प्रोत्साहित किया जाता है।

इस पुस्तक की सामग्री का उद्देश्य किसी भी व्यक्ति, समूह, समुदाय या धर्म की आलोचना करना, उन्हें नीचा दिखाना या उनकी भावनाओं को आहत करना नहीं है। लेखक सभी धर्मों, विश्वासों और प्रथाओं का सम्मान करते हैं। किसी भी व्यक्तिगत विश्वास, परंपरा या व्याख्या से समानता महज संयोगवश और अनजाने में हो सकती है।

यह पुस्तक एक व्यक्तिगत अन्वेषण है और इसे धार्मिक या आध्यात्मिक मामलों पर अंतिम प्राधिकरण नहीं माना जाना चाहिए। इसमें व्यक्त किए गए विचार केवल लेखक के हैं और किसी भी संगठन या संस्थान के विचारों को प्रतिबिंबित नहीं करते।

इस पुस्तक के पठन के द्वारा, पाठक यह स्वीकार करता है और मानता है कि सामग्री से उत्पन्न किसी भी व्याख्या, परिणाम या कार्यों के लिए लेखक और प्रकाशक उत्तरदायी नहीं होंगे।

पुस्तक का नाम "शून्य" क्यों है?

हिंदू धर्म में, शून्य एक ऐसा सिद्धांत है जो निराकार, शाश्वत, और परम वास्तविकता या ईश्वर को संदर्भित करता है। शाब्दिक रूप से इसका अर्थ शून्य अंक होता है, लेकिन इसे संख्या के बजाय मैं "कुछ भी नहीं" के रूप में देखना पसंद करूंगी। यदि हम इस अर्थ को लें, तो शून्य हमारे ब्रह्मांड को भी व्यक्त कर सकता है। जो दृष्टिगोचर ब्रह्मांड है, वह वस्तुओं, आकाशगंगाओं, अंतर-आकाशगंगा स्थान, गहरे द्रव्य और अब तक नाम न दिए गए तत्वों से भरा हुआ लगता है; यह सब उस अदृश्य ब्रह्मांड में निलंबित है जो अनंत "कुछ भी नहीं" यानी परम शून्यता में स्थित है।

विज्ञान में कई ऐसी चीजें हैं जिन्हें समझाया या प्रमाणित नहीं किया जा सकता, और लगभग हर चीज़ धर्म में केवल विश्वास पर आधारित है, बिना किसी प्रमाण के। एक बार जब हम शून्य को स्वीकार कर लेते हैं, तो शायद हम धर्म और विज्ञान दोनों का उत्तर एक ही शब्द में दे सकते हैं: शून्य!

तो यहाँ मैं अपनी यात्रा शुरू करती हूँ, अस्तित्व के गहरे रहस्यों पर सवाल उठाने और अपनी व्याख्याओं के उत्तर खोजने की।

अध्याय 1

केन

ॐ । पूर्णमदः पूर्णमिदं पूर्णात्पूर्णमुदच्यते ।

पूर्णस्य पूर्णमादाय पूर्णमेवावशिष्यते ॥

ॐ खं ब्रह्मन् । खं पुराणम्; वायुरं खम् इति ह स्माह कौरव्यायणीपुत्रः; वेदो'यं ब्राह्मणा विदुः; वेदैनेन यद्वेदितव्यम् ॥ १ ॥

इति प्रथमं ब्राह्मणम् ॥

ॐ वह (ब्रह्मन्) अनंत है, और यह (ब्रह्मांड) भी अनंत है। अनंत, अनंत से उत्पन्न होता है। (फिर) इस (ब्रह्मांड) के अनंत को लेने पर, वह (ब्रह्मन्) केवल अनंत ही बना रहता है।

ॐ आकाश-ब्रह्मन् है—शाश्वत आकाश। 'वह आकाश जिसमें वायु है,' ऐसा कौर्व्यायणी के पुत्र कहते हैं। यह वेद है, (इसलिए) ब्राह्मण (जो ब्रह्मन् के ज्ञाता हैं) इसे जानते हैं; (क्योंकि) इसके माध्यम से ही उस चीज़ को जाना जा सकता है जिसे जाना जाना है।

– बृहदारण्यक उपनिषद 5.1.1

अद्वैत वेदांत, हिंदू दर्शन के सबसे गहन और तत्त्वविज्ञान से प्रेरक सम्प्रदायों में से एक, अस्तित्व, चेतना और परम वास्तविकता के रहस्यों में गहराई से प्रवेश करता है। इसका तत्वमीमांसा (मेटाफिज़िकल) आधार ब्रह्मन्, जो अनंत और निराकार वास्तविकता है, और माया, जो इसे ढकने वाला आवरण है, के सिद्धांतों के चारों ओर घूमता है। अद्वैत वेदांत के संदर्भ में ब्रह्मांड की शुरुआत को समझने के लिए, शून्य (शून्यता या रिक्तता) और ब्रह्मन् के साथ इसके परस्पर संबंध के दार्शनिक निहितार्थों पर भी विचार करना आवश्यक है।

अद्वैत वेदांत में ब्रह्मांड की शुरुआत का प्रश्न केवल भौतिक नहीं है, बल्कि गहराई से तत्वमीमांसा (मेटाफिजिकल) से जुड़ा हुआ है। मानव इंद्रियों और बुद्धि द्वारा अनुभव किया गया ब्रह्मांड, माया का प्रकट रूप है—जो ब्रह्मन् पर आरोपित एक मिथ्या प्रक्षेपण है। सृष्टि, स्थिति, और प्रलय—रचना, संरक्षण, और विनाश की चक्रीय प्रकृति—माया के ब्रह्मन् के भीतर कार्य करने की अभिव्यक्ति है। अद्वैत दृष्टिकोण से, ब्रह्मांड का कोई परम आरंभ नहीं है, क्योंकि समय स्वयं माया के भीतर एक निर्माण है। ब्रह्मन्, जो अचल और शाश्वत वास्तविकता है, ब्रह्मांड की प्रतीत होती हुई गतिशीलता से अप्रभावित रहता है।

कल्पना कीजिए कि आप एक वेशभूषा समारोह में हैं। हर कोई अलग-अलग रूप धारण किए हुए है—कोई समुद्री डाकू बना है, कोई सुपरहीरो, और कोई पिज्जा के टुकड़े के रूप में आया है (काफी रचनात्मक, है ना?)। अब, इस सब के बीच, एक व्यक्ति है जो एक सादा सफेद चादर ओढ़े हुए कोने में खड़ा है और चुपचाप अपना ठंडा पेय पी रहा है। वह सफेद चादर? वह ब्रह्मन् है।

पार्टी में, लोग एक-दूसरे की वेशभूषा की प्रशंसा (या आलोचना) करने में इतने व्यस्त हैं कि वे भूल ही जाते हैं कि सफेद चादर ओढ़े व्यक्ति भी वहां है। लेकिन ज़रा सोचिए, वह सिर्फ मेहमान नहीं है—वह वास्तव में समारोह का मेज़बान है और उसी का यह घर है। वेदांत की भाषा में, ब्रह्मन् सभी अस्तित्व के पीछे की मूल वास्तविकता है। जो कुछ भी आप देखते हैं, छूते हैं, और अनुभव करते हैं—उस पर ब्रह्मन् का हस्ताक्षर है (लेकिन सूक्ष्मता से, जैसे अदृश्य स्याही से)।

पिज्जा की वेशभूषा में दिखने वाले उस व्यक्ति के विपरीत, जो ध्यान का केंद्र बनने की पूरी कोशिश कर रहा है, ब्रह्मन् को कुछ भी साबित करने की आवश्यकता

नहीं है। यह सभी रूपों, नामों, और वर्गीकरण से परे है। चाहे आप इसे ईश्वर कहें, ऊर्जा, या परम वास्तविकता, ब्रह्मन् बस यही कहता है, "ठीक है, मुझे जो चाहो बुला लो, मुझे हर चीज़ स्वीकारिया है ।"

अब आता है दिमाग को झकझोर देने वाला हिस्सा। अद्वैत वेदांत कहता है, "तत्त्वमसि" (तुम वही हो)। मतलब, वास्तव में, तुम वह समुद्री डाकू या सुपरहीरो नहीं हो, जो तुम सोचते हो। गहराई में, तुम भी वही सफेद चादर वाले व्यक्ति हो! लेकिन क्योंकि तुम अपनी वेशभूषा और किरदार में इतने उलझे हुए हो, तुमने अपनी असली प्रकृति को भुला दिया है।

तुम यह क्यों नहीं देख पाते कि तुम ब्रह्मन् हो? इसका दोष माया पर डालो—यह ब्रह्मांडीय भ्रम है। यह समारोह में धुंधले चश्मे पहनने जैसा है और यह सोचना कि सजावट ही असली चीज़ है। माया तुम्हें भटकाए रखती है, यह विश्वास दिलाते हुए कि सभी चीज़ें अलग-अलग हैं, जबकि वास्तविकता में यह सब एक अखंड और अविभाज्य पूर्णता है।

जैसे ही पार्टी खत्म होती है और तुम अपनी वेशभूषा उतारते हो, तुम महसूस करते हो, "रुको, मैं समुद्री डाकू नहीं हूं—मैं तो बस मैं हूं!" यही अद्वैत वेदांत में आत्मज्ञान का क्षण है। तुम आखिरकार देखते हो कि तुम हमेशा से ब्रह्मन् थे; बस तुम प्रदर्शन में बहुत ज्यादा उलझ गए थे।

तो, ब्रह्मन् वह साधारण सफेद चादर है—सादगी भरी, सबको समाहित करने वाली, और समारोह का असली सितारा, भले ही यह दिखने में चमकदार न लगे। और यदि तुम इसे "खोजना" चाहते हो, तो बस इतनी मेहनत करना बंद कर दो। यह कहीं बाहर नहीं है; यह तुम ही हो। बस यह उम्मीद मत करना कि यह तुम्हारी जलसे के सुझाव का जवाब देगा —यह पहले से ही वहाँ है।

ब्रह्मांड और ब्रह्मन्

अद्वैत वेदांत में ब्रह्मन् केंद्रीय स्थान रखता है, जो पूर्ण, अनंत और अद्वैत वास्तविकता का प्रतीक है। इसे उपनिषदों में निर्गुण (गुण रहित) और निराकार (आकार रहित) बताया गया है, जो विचारों की सभी श्रेणियों से परे है। ब्रह्मन् शुद्ध चैतन्य (चित) और

परम आनंद (आनंद) है, और यह वह आधार है जिस पर माया से बना यह संसार प्रकट होता है।

सृष्टि के संदर्भ में, ब्रह्मन् सामग्री कारण और निमित्त कारण दोनों है। उपनिषदों में इसे सुंदर रूप से उन उपमाओं के माध्यम से व्यक्त किया गया है, जैसे मकड़ी अपने जाल को बुनती है और उसे समेट लेती है, या मिट्टी जो सभी बर्तनों का आधार है। ये उदाहरण यह समझाते हैं कि ब्रह्मन् से यह ब्रह्मांड अलग नहीं है, बल्कि उसकी सारभूत सत्ता का विस्तार है।

यथोर्णनाभिः सृजते गृह्णते च यथा पृथिव्यामोषधयः संभवन्ति ।

यथा सतः पुरुषात्केशलोमानि तथाऽक्षरात्संभवतीह विश्वम् ॥ ७ ॥

जैसे मकड़ी जाल बुनती है और उसे समेट लेती है, जैसे औषधीय पौधे धरती से उगते हैं, जैसे बाल जीवित व्यक्ति से उगते हैं, उसी प्रकार यह ब्रह्मांड अमर ब्रह्मन् से प्रकट होता है।

– मुंडका उपनिषद 1.1.7

यह श्लोक ब्रह्मांड की सृष्टि और ब्रह्मन् के स्वभाव को समझाने के लिए मकड़ी द्वारा अपने जाल बुनने की सुंदर उपमा प्रस्तुत करता है। इस श्लोक में ब्रह्मन् की तुलना उस मकड़ी से की गई है, जो अपने ही सार से जाल बुनती है। मकड़ी जाल को स्वयं से उत्पन्न करती है, उसे बनाए रखती है और अंततः उसे अपने भीतर समेट लेती है। इसी प्रकार, ब्रह्मन्, जो परम सत्य है, ब्रह्मांड को अपने भीतर से प्रक्षिप्त करता है बिना किसी बाहरी सामग्री के। यह ब्रह्मांड ब्रह्मन् से उत्पन्न होता है, ब्रह्मन् द्वारा ही स्थिर रहता है, और अंततः ब्रह्मन् में ही विलीन हो जाता है।

यह उपमा तीन प्रमुख पहलुओं को समझाती है –

1. अद्वैत (अद्वैतवाद): यह उपमा अद्वैत दृष्टिकोण का समर्थन करती है, जिसमें ब्रह्मन् को सृष्टिकर्ता और सृष्टि दोनों माना गया है, जिससे सृष्टिकर्ता और सृष्टि के अलगाव का द्वैत समाप्त हो जाता है।
2. ब्रह्मन् की आत्मनिर्भरता: ब्रह्मन् ब्रह्मांड की सृष्टि के लिए किसी बाहरी चीज पर निर्भर नहीं है, क्योंकि वह अनंत, स्वयंभू और स्वतंत्र है।

3. सृष्टि का चक्रात्मक स्वरूप: मकड़ी की प्रक्रिया सृष्टि, पालन और लय होने के चक्रात्मक स्वरूप का प्रतीक है, जो अस्तित्व की शाश्वत लय को दर्शाती है।

मकड़ी की उपमा यह समझने में मदद करती है कि ब्रह्मांड ब्रह्मन् से अलग नहीं है, बल्कि उसका ही प्रकट रूप है। फिर भी, ब्रह्मन् अपरिवर्तित रहता है, जैसे मकड़ी अपने जाल की सृष्टि और समेटने से अप्रभावित रहती है।

यह काव्यात्मक कल्पना हमें ब्रह्मांड, हमारे अपने अस्तित्व और परम वास्तविकता के गहन संबंध पर विचार करने के लिए आमंत्रित करती है, जो एकता और परस्पर निर्भरता पर जोर देती है।

ब्रह्मांड और शून्य

नैवेह किंचनाग्र आसीत्

यहाँ प्रारंभ में कुछ भी नहीं था।

– बृहदारण्यक उपनिषद 1.2.1

नासदासीन्नो सदासीत्तदानीं नासीद्रजो नो व्योमा परो यत् ।

तब न अस्तित्वहीन था, न अस्तित्व था,

तब न वायु था, न उसके परे आकाश।

– ऋग्वेद 10.129

ब्रह्मांड के प्रकट होने से पहले कोई द्वैत नहीं होता—कोई "वस्तु" नहीं होती जिसके बारे में बात की जा सके, लेकिन यह "शून्यता" अनुपस्थिति नहीं है; यह ब्रह्मन् की अनंत संभावना है। यह अद्वैत विचार के साथ मेल खाती है कि अप्रकट अवस्था कोई शून्य नहीं है, बल्कि वह अद्वैत वास्तविकता है जो सभी गुणों और श्रेणियों से परे है। यही अद्वैत संभावना शून्य है।

अद्वैत वेदांत में, ब्रह्मांड का "अंत" कोई विनाशकारी निष्कर्ष नहीं है, बल्कि यह अपने आधार ब्रह्मन् में विलय है, जो फिर से शून्य की ओर ले जाता है। विलय

के बाद की अवस्था कोई शून्यता नहीं है, बल्कि सत-चित-आनंद (अस्तित्व-चेतना-आनंद) का बोध है, जो ब्रह्मन् है। इस दृष्टि से, जिसे "शून्यता" समझा जा सकता है, वह द्वैत अनुभव का अंत और अद्वैत चेतना में स्थिर होना है। जैसे तरंगें सागर से उठती और उसमें विलीन हो जाती हैं बिना सागर के मौलिक स्वरूप को बदले, वैसे ही ब्रह्मांड ब्रह्मन् से प्रकट होता है और उसमें विलीन हो जाता है। विलय के बाद की "खालीपन" अनुपस्थिति नहीं, बल्कि ब्रह्मन् की पूर्णता है।

अद्वैत वेदांत में, ब्रह्मांड के प्रारंभ और अंत को ब्रह्मन् और माया के दृष्टिकोण से समझा जाता है, न कि पूर्ण शून्यता के रूप में। सृष्टि से पहले और विलय के बाद की अप्रकट अवस्था द्वैत दृष्टिकोण से "खाली" या "शून्य" प्रतीत हो सकती है, लेकिन वास्तव में यह ब्रह्मन् की अनंत, निराकार और अद्वैत वास्तविकता है। इस प्रकार, इस संदर्भ में "शून्य" अस्तित्व की अनुपस्थिति नहीं है, बल्कि द्वैत और गुणों के अतिक्रमण का प्रतीक है।

ब्रह्मन् कौन है?

हिंदू धर्म में ब्रह्मन् परम वास्तविकता, सर्वोच्च ईश्वर और दिव्य चेतना है। यह एक सार्वभौमिक आत्मा है जो शाश्वत और अपरिवर्तनीय है और पूरे ब्रह्मांड में व्याप्त है। ब्रह्मन् हिंदू दर्शन का मूलभूत सिद्धांत है, जो समय, स्थान और कारणता से परे अंतिम और अपरिवर्तनीय वास्तविकता का प्रतिनिधित्व करता है।

अद्वैत वेदांत, जो हिंदू दर्शन के सबसे गहन और प्रशंसित पंथ में से एक है, अपनी विचारधारा को ब्रह्मन्, परम वास्तविकता, के सिद्धांत पर केंद्रित करता है। अद्वैत का अर्थ है "द्वैत का अभाव," जो अस्तित्व की एकता और आत्मा (आत्मन्) की ब्रह्मन् के साथ मौलिक एकता की पुष्टि करता है। इस दर्शन को आठवीं शताब्दी के महान दार्शनिक आदि शंकराचार्य ने विकसित और व्यवस्थित किया। यह दर्शन बौद्धिक रूप से गहन और आध्यात्मिक रूप से उत्थानकारी दृष्टिकोण प्रस्तुत करता है। अद्वैत में ब्रह्मन् न केवल एक देवता या दार्शनिक विचार है, बल्कि अस्तित्व, चेतना, और आनंद (सत-चित-आनंद) का सार है।

अद्वैत वेदांत में ब्रह्मन् को निर्गुण (गुण रहित) और सगुण (गुण युक्त) दोनों रूपों में वर्णित किया गया है। ये दोनों विवरण विरोधाभासी नहीं, बल्कि एक-दूसरे

के पूरक हैं, जो समझ और अनुभव के विभिन्न स्तरों को समायोजित करने के लिए उपयोग किए जाते हैं।

निर्गुण ब्रह्मन् परम, शर्तरहित वास्तविकता का प्रतिनिधित्व करता है। यह सभी गुणों, रूपों और सीमाओं से परे है। उपनिषद, जो वेदांत के मूलभूत ग्रंथ हैं, ब्रह्मन् का वर्णन अक्सर "नेति, नेति" ("यह नहीं, यह नहीं") के रूप में करते हैं, यह दर्शाने के लिए कि इसे मानव विचार या भाषा द्वारा पूरी तरह से व्यक्त नहीं किया जा सकता।

निर्गुण ब्रह्मन् है:

अनंत: यह स्थान और समय की सीमाओं से परे है, सृष्टि और विनाश की सीमाओं के पार स्थित है।

अपरिवर्तनीय (निर्विकार): सभी परिवर्तन का आधार होते हुए भी, ब्रह्मन् स्वयं अपरिवर्तनीय रहता है।

अद्वैत: यह एकमात्र वास्तविकता है, और सभी प्रतीत होने वाले द्वैत अज्ञान (अविद्या) से उत्पन्न होते हैं।

जबकि निर्गुण ब्रह्मन् परम वास्तविकता है, सगुण ब्रह्मन् ब्रह्मन् का सशर्त रूप है जो मानव समझ और भक्ति के लिए सुलभ है। सगुण ब्रह्मन् को अक्सर ईश्वर, व्यक्तिगत देवता, के साथ जोड़ा जाता है। यह माया (भ्रम) के दृष्टिकोण से देखा गया ब्रह्मन् है। यह पहल पूजा, अनुष्ठानों और ध्यान के लिए अवसर प्रदान करता है, जो सीमित व्यक्ति और अनंत के बीच की खाई को पाटने का कार्य करता है।

अद्वैत वेदांत का केंद्रीय सिद्धांत है "तत् त्वम् असि" ("तू वही है"), जो आत्मन् (व्यक्तिगत आत्मा) और ब्रह्मन् की एकता को दर्शाता है। यह एकता आत्मा और ब्रह्मांड के बीच के प्रतीत होने वाले भेदों को चुनौती देती है और एक गहन अद्वैतवाद की वकालत करती है।

आत्मन्, जिसे अक्सर "व्यक्तिगत आत्मा" के रूप में गलत समझा जाता है, वास्तव में ब्रह्मन् से अलग नहीं है। यह वही अनंत चेतना है, जो केवल अज्ञान और अहंकार के शरीर और मन के साथ तादात्म्य के कारण अस्पष्ट हो जाती है।

अविद्या, या अज्ञान, आत्मन् और ब्रह्मन् के बीच प्रतीत होने वाले विभाजन का मूल कारण है। यह "अध्यास" (अध्यारोप) के रूप में प्रकट होती है, जिससे व्यक्तित्व और बहुलता में विश्वास की भूल होती है। ज्ञान ("ज्ञान") के माध्यम से अविद्या का नाश अस्तित्व की अंतर्निहित एकता को प्रकट करता है।

इंद्रियों के माध्यम से अनुभव किए गए संसार को ब्रह्मन् की माया से उत्पन्न एक भ्रामक प्रकट स्वरूप माना जाता है। माया, जो भ्रम का सिद्धांत है, विविधता और द्वैत का आभास उत्पन्न करती है। यद्यपि संसार अंतिम सत्य ("सत") नहीं है, यह पूरी तरह असत्य ("असत") भी नहीं है, बल्कि इसकी एक निर्भर वास्तविकता ("व्यवहारिक सत्य") है, जो ब्रह्मन् के बोध होने पर समाप्त हो जाती है।

ब्रह्मन् का बोध कैसे करें?

अद्वैत वेदांत का अंतिम लक्ष्य मोक्ष, या मुक्ति है, जो अपनी वास्तविक प्रकृति को ब्रह्मन् के रूप में जानने से प्राप्त होती है। अद्वैत में मुक्ति का मुख्य साधन ज्ञान योग है, जिसमें आत्म-चिंतन, शास्त्रों का अध्ययन और मनन शामिल हैं। यद्यपि अद्वैत ज्ञान पर जोर देता है, भक्ति (भक्ति) और निष्काम कर्म (कर्म) को ऐसे प्रारंभिक अभ्यासों के रूप में मान्यता दी गई है जो मन को शुद्ध करते हैं और उसे उच्च ज्ञान के लिए ग्रहणशील बनाते हैं।

मुक्ति कोई भविष्य में प्राप्त की जाने वाली चीज नहीं है, बल्कि एक सदैव उपस्थित सत्य की पहचान है। यह अज्ञान का नाश और इस सत्य का बोध है कि "मैं ब्रह्मन् हूँ" ("अहं ब्रह्मास्मि")। मोक्ष को पूर्ण स्वतंत्रता के रूप में वर्णित किया गया है, जो अनंत आनंद और सभी कष्टों के अंत से युक्त है।

जीवन्मुक्त, या मुक्त आत्मा, संसार में रहते हुए भी उससे अप्रभावित रहता है। अहंकार और आसक्ति से मुक्त होकर, वह ब्रह्मन् की एकता को साकार करता है और भौतिक संसार के साथ करुणा से जुड़ता है।

ब्रह्मन् के बोध के संदर्भ में, केन उपनिषद उस मार्ग पर प्रकाश डालता है जिसे अपनाना चाहिए। केन उपनिषद का केंद्रीय विषय ब्रह्मन् को समझना है, जो समस्त अस्तित्व का आधारभूत सत्य है। यह ग्रंथ एक गहन प्रश्न के साथ आरंभ होता है:

केनेषितं पतति प्रेषितं मनः

केन प्राणः प्रथमः प्रैति युक्तः ।

केनेषितां वाचमिमां वदन्ति

चक्षुः श्रोत्रं क उ देवो युनक्ति ॥ १॥

किसके द्वारा मन संचालित होता है?

किसके द्वारा प्राण प्रेरित होता है?

किसके द्वारा वाणी सक्षम होती है?

किसके द्वारा कान और आँख निर्देशित होते हैं?

– केन उपनिषद 1

यह प्रश्न सभी अनुभवों और क्रियाओं के स्रोत की गहरी खोज की पृष्ठभूमि तैयार करता है। उपनिषद प्रकट करता है कि यह ब्रह्मन् है, जो अनंत और निराकार सार है, जो सभी इंद्रियों और क्षमताओं को सक्षम बनाता है। फिर भी, ब्रह्मन् को इन इंद्रियों के माध्यम से नहीं जाना जा सकता—यह इंद्रियों और बौद्धिक समझ से परे है।

उपनिषद का एक प्रमुख विषय, प्रत्यक्ष ज्ञान की सीमाएं हैं। यह कहता है कि ब्रह्मन् "वह है जिसे आंख नहीं देख सकती, लेकिन जिसके द्वारा आंख देखती है; वह

जिसे कान नहीं सुन सकता, लेकिन जिसके द्वारा कान सुनता है।" यह विरोधाभासी वर्णन यह स्पष्ट करता है कि ब्रह्मन् इंद्रिय ज्ञान और बौद्धिक वर्गीकरण से परे है।

यह ग्रंथ साधकों को पारंपरिक समझ से परे जाने के लिए प्रेरित करता है और सत्य तक पहुँचने के मार्ग के रूप में अंतःप्रज्ञा द्वारा प्राप्त ज्ञान (ज्ञान) पर जोर देता है। ब्रह्मन् को "यह नहीं, यह नहीं" (नेति, नेति) के रूप में वर्णित किया गया है, जो इसकी अकथनीयता और द्वैतवादी सोच से परे जाने की आवश्यकता को दर्शाता है।

यद्यपि मन और बुद्धि भौतिक संसार को समझने के लिए अमूल्य साधन हैं, केन उपनिषद हमें यह याद दिलाता है कि वे अनंत को समझने में सीमित हैं। यह विनम्रता और खुलेपन के महत्व पर जोर देता है और बौद्धिक अहंकार के प्रति चेतावनी देता है। सच्चा ज्ञान अपनी जानकारी की सीमाओं को समझने और उच्च सत्य के प्रति समर्पण में निहित है।

केन उपनिषद का उत्तरार्ध एक प्रतीकात्मक कथा के माध्यम से अपने उपदेशों को समझाता है। इस रूपक में, देवता—अग्नि (अग्नि), वायु (हवा) और इंद्र (देवताओं के राजा)—अपनी शक्ति के स्रोत को समझने का प्रयास करते हैं। ब्रह्मन् एक रहस्यमय आत्मा के रूप में प्रकट होता है और प्रत्येक देवता को उनकी क्षमताओं का प्रदर्शन करने की चुनौती देता है। अपनी शक्तियों के बावजूद, वे उस आत्मा को समझने में असफल रहते हैं, जो यह दर्शाता है कि सबसे शक्तिशाली प्राणी भी ब्रह्मन् पर निर्भर हैं।

यह कहानी इंद्र के साथ चरम पर पहुँचती है, जो विनम्रता से ब्रह्मन् के पास जाता है और उसके सार को समझने का प्रयास करता है। यह दर्शाता है कि परम सत्य को समझने के लिए विनम्रता और भक्ति आवश्यक हैं। केन उपनिषद आत्म-जिज्ञासा और मनन के मार्ग को ब्रह्मन् के बोध का साधन बताता है।

इसमें शामिल हैं:

आत्म-चिंतन: इंद्रियों और बुद्धि की सीमाओं को पहचानना और चेतना के स्रोत को खोजने के लिए भीतर की ओर मुड़ना।

वैराग्य: भौतिक और इंद्रिय सुखों के प्रति आसक्ति को त्यागना, जो उच्च ज्ञान की खोज से ध्यान भटकाते हैं।

विनम्रता: सत्य की खोज को श्रद्धा और खुलेपन के साथ अपनाना, ब्रह्मन् की विशालता को स्वीकार करना।

अंतःप्रज्ञा द्वारा बोध: द्वैतवादी सोच को पार करना और ध्यान साधनाओं के माध्यम से समस्त अस्तित्व की एकता का अनुभव करना।

केन उपनिषद के उपदेश शाश्वत हैं, जो विभिन्न संस्कृतियों और युगों के साधकों के साथ गूंजते हैं। इसकी चेतना की खोज आधुनिक दार्शनिक और वैज्ञानिक अनुसंधानों के साथ मेल खाती है, जो जागरूकता के स्वभाव और अस्तित्व की उत्पत्ति को समझने का प्रयास करते हैं। उदाहरण के लिए, इसकी यह धारणा कि परम सत्य साधारण ज्ञानेंद्रियों के माध्यम से नहीं समझा जा सकता, आधुनिक क्वांटम भौतिकी और संज्ञानात्मक विज्ञान में मानव समझ की सीमाओं पर चल रही चर्चाओं के समानांतर है।

इसके अतिरिक्त, उपनिषद में विनम्रता और आत्म-जिज्ञासा पर दिया गया जोर एक सार्वभौमिक आध्यात्मिक शिक्षा प्रदान करता है। भौतिकवाद और अहंकार-प्रेरित प्रयासों से भरे युग में, केन उपनिषद व्यक्तियों को रुकने, विचार करने और अस्थायी चीजों से परे एक गहरे उद्देश्य की खोज करने के लिए आमंत्रित करता है।

केन उपनिषद आध्यात्मिक साहित्य के विशाल सागर में ज्ञान का एक प्रकाशस्तंभ है। यह वास्तविकता और चेतना के स्वभाव पर गहन प्रश्न हमारे सामने प्रस्तुत करता है, जो हमें सतही ज्ञान से परे जाने और अस्तित्व के सार की खोज करने की प्रेरणा देता है। यह हमें इंद्रिय अनुभवों या प्रायोगिक प्रक्रियाओं से प्राप्त प्रमाण से आगे बढ़ने और अंतःप्रज्ञा द्वारा बोध को अपनाने के लिए प्रेरित करता है। उपनिषद जीवन के लिए एक रूपांतरणकारी दृष्टिकोण प्रदान करता है, जो शाश्वत और अनंत में निहित है। चाहे इसे एक दार्शनिक ग्रंथ के रूप में पढ़ा जाए या एक आध्यात्मिक मार्गदर्शक के रूप में, केन उपनिषद उन लोगों के लिए प्रेरणा और मार्गदर्शन का स्रोत बना हुआ है जो परम सत्य की खोज में हैं।

* * * * *

अध्याय 2

निरूपाख्य

यन्मनसा न मनुते येनाहुर्मनो मतम् ।

तदेव ब्रह्मन् त्वं विद्धि नेदं यदिदमुपासते ॥ ५ ॥

जिसे मन से नहीं सोचा जा सकता, लेकिन जिसके द्वारा, ऐसा कहा जाता है, मन सोचने के लिए सक्षम होता है, उसे ही ब्रह्मन् जानो, न कि इसे जिसे यहाँ (लोग) पूजा करते हैं। (5)

– केन उपनिषद 1.5

कल्पना कीजिए। आप एक मत्स्यालय में सुनहरी मछली हैं। जीवन काफी अच्छा है—आपके पास पानी है, ऊपर से गिरते हुए खाने के दाने हैं, और तैरने के लिए एक प्यारा सा महल है। लेकिन फिर कोई आपको महासागर के बारे में बताने लगता है।

अब, महासागर विशाल, अनंत और आपके मत्स्यालय के अनुभव से परे है। लेकिन यहाँ आप हैं, अपनी छोटी मछली जैसी बुद्धि से इसे समझने की कोशिश कर रहे हैं। यही हमारी स्थिति है, मनुष्यों की, जब हम अपनी इंद्रियों और बुद्धि से ब्रह्मन् को समझने की कोशिश करते हैं। और यहीं से यह हास्यास्पद यात्रा शुरू होती है:

ब्रह्मन् अनंत, शाश्वत, निराकार और परम सत्य है। दूसरी तरफ, आपकी इंद्रियाँ? वे फास्ट-फूड रेस्टोरेंट के कर्मचारियों की तरह हैं—दैनिक कार्यों को संभालने में माहिर, लेकिन ब्रह्मांडीय स्तर की सेवा के लिए प्रशिक्षित नहीं।

आँखें: "मैं आकार और रंग देख सकती हूँ, लेकिन ब्रह्मन् का कोई रूप नहीं है? मैं हार मानती हूँ।"

कान: "मैं कोई आवाज सुनने की कोशिश करता हूँ।"

झींगुरों की आवाज

"हाँ, यह काम नहीं कर रहा।"

दिमाग: "ठीक है, मैं इसे सोचकर समझ लूंगा।"

दो घंटे बाद

"नहीं, बस और सवाल ही पैदा हो गए।"

इंद्रियों के माध्यम से ब्रह्मन् को समझने की कोशिश करना ऐसा है जैसे चम्मच से महासागर को मापने की कोशिश करना। प्रयास सराहनीय है, लेकिन... नहीं।

ब्रह्मन् वह नहीं है जिसे आप देख सकते हैं, सुन सकते हैं, छू सकते हैं, स्वाद ले सकते हैं या सूंघ सकते हैं। क्यों? क्योंकि यह सभी द्वैतों से परे है। यह न "यह" है न "वह।" यह बस "है।"

कल्पना कीजिए कि कोई गुफावासी को वाई-फाई समझाने की कोशिश कर रहा है। आप उसे सीधे नहीं दिखा सकते; आप केवल इसके प्रभाव (जैसे नेटफ्लिक्स स्ट्रीमिंग) को ही प्रदर्शित कर सकते हैं। ब्रह्मन् भी ऐसा ही है—यह हर जगह है और सब कुछ संभव बनाता है, लेकिन यह आपकी इंद्रियों के रडार पर नहीं आता।

वेदांतिक शब्दों में, ब्रह्मन् निर्गुण (गुण रहित) है। दूसरी ओर, आपकी इंद्रियाँ सगुण (गुणों वाली चीजों) से निपटने में माहिर हैं। वे उस उपग्रह-आधारित नेविगेशन सिस्टम की तरह हैं जो स्थानीय सड़कों के लिए तो शानदार काम करता है, लेकिन "अनंत" जैसे दार्शनिक गंतव्य को खोजने में विफल हो जाता है।

इस पूरी स्थिति को और मजेदार बनाती है माया, ब्रह्मांडीय भ्रम। माया ब्रह्मांड की विदूषक है। यह उस जादूगर की तरह है जो इतने प्रभावशाली चालें दिखाता है

कि आप समारोह में पूरी तरह खो जाते हैं, यह भूलकर कि पर्दे के पीछे कोई डोर खींच रहा है।

आपकी इंद्रियाँ? माया की सबसे बड़ी प्रशंसक। वे कहती हैं, "इस चमकदार दुनिया को देखो! यही सब कुछ है!" इस बीच, ब्रह्मन् शांति से दर्शकों में बैठा हुआ है, चाय की चुस्की ले रहा है, और इंतजार कर रहा है कि आप उसे नोटिस करें।

ब्रह्मन् को उस अनंत वाई-फाई नेटवर्क की तरह सोचें जो पूरे ब्रह्मांड को संचालित करता है। आपकी इंद्रियाँ पुराने फोन की तरह हैं जो सम्बन्ध बनाने की कोशिश कर रही हैं।

दृष्टि: "सिग्नल की तलाश... कोई नेटवर्क नहीं।"

श्रवण: "त्रुटि 404: ध्वनि नहीं मिली।"

मस्तिष्क: "शायद मैं अपग्रेड कर लूं... अरे रुको, प्रबोधन तो अमेज़न प्राइम पर नहीं है।"

आप इस वाई-फाई से हर समय जुड़े हुए हैं, लेकिन आपको इसका एहसास नहीं होता क्योंकि आप अपनी इंद्रिय-एप्स में स्क्रॉल करने में व्यस्त हैं।

यहाँ असली मोड़ है: आप ब्रह्मन् को "समझ" नहीं सकते, लेकिन आप इसका बोध कर सकते हैं। यह ऐसा है जैसे आपको यह एहसास हो जाए कि आप पूरे समय वाई-फाई पर थे—कनेक्ट होने की जरूरत नहीं है, बस एयरप्लेन मोड को बार-बार ऑन-ऑफ करना बंद कर दें!

इंद्रियों से परे जाने के लिए आपको शोर को शांत करना होगा— मत्स्यालय, चम्मच, या इंद्रियों पर पूरी तरह से निर्भर रहना बंद करें। ध्यान, आत्म-चिंतन और गहरी अनुभूति के माध्यम से, आप अंततः देखेंगे कि आप ही ब्रह्मन् हैं। मजाक यह है कि आप हमेशा महासागर थे, जो मछली होने का नाटक कर रहा था।

अब, क्या यह ब्रह्मांडीय "माइक ड्रॉप" का सबसे शानदार उदाहरण नहीं है?

ब्रह्मन् का स्वभाव क्या है?

अद्वैत वेदांत में, निरुपाधिक्य एक महत्वपूर्ण अवधारणा है, जो "बिना किसी सीमित उपाधि" या "अप्रतिबंधित" के विचार को संदर्भित करती है। यह दो संस्कृत शब्दों से व्युत्पन्न है: निर (बिना) और उपाधि (सीमित उपाधि या शर्तें)। अद्वैत दर्शन के संदर्भ में, यह ब्रह्मन् (परम वास्तविकता) और उसकी प्रकट अभिव्यक्तियों के बीच अंतर को समझने में एक महत्वपूर्ण भूमिका निभाता है।

निरुपाधिक्य ब्रह्मन् को उसके शुद्ध, मूल स्वभाव में संदर्भित करता है, जो सभी उपाधियों या शर्तों से मुक्त है। यह परब्रह्मन् या अंतिम, अद्वितीय वास्तविकता है। अपने निरुपाधिक अवस्था में ब्रह्मन् निर्गुण (गुणों से रहित), निष्क्रिय (क्रियाओं से रहित), और निर्विकल्प (भेदों से परे) होता है।

सोपाधिक ब्रह्मन् वह ब्रह्मन् है जो उपाधियों से जुड़ा हुआ है, जैसे माया या अनुभूतिजन्य संसार। इसे अक्सर ईश्वर (सगुण ब्रह्मन्) के रूप में संदर्भित किया जाता है।

निरुपाधिक ब्रह्मन्, इसके विपरीत, माया, गुणों और संबंधों से परे है। यह वह वास्तविकता है जिसे आत्म-साक्षात्कार की अवस्था में अनुभव किया जाता है, जहाँ ज्ञाता, ज्ञेय और ज्ञान की क्रिया के बीच का भेद समाप्त हो जाता है।

निरुपाधिक्य अद्वैत के अद्वैतवादी दृष्टिकोण को समझने के लिए केंद्रीय है। जहाँ अनुभूतिजन्य संसार उपाधियों के साथ अनुभव किया जाता है, वहाँ अंतिम लक्ष्य यह पहचानना है कि ये उपाधियाँ मात्र अध्यास (अतिशय आरोप) हैं और ब्रह्मन् के मौलिक स्वभाव को प्रभावित नहीं करतीं।

केन उपनिषद, जो भारतीय दर्शन के प्रमुख ग्रंथों में से एक है, ब्रह्मन् के स्वभाव पर गहन अंतर्दृष्टि प्रदान करता है, जो सम्पूर्ण अस्तित्व का आधार है। इसके शिक्षाओं का केंद्र यह है कि ब्रह्मन् इंद्रिय अनुभव और बौद्धिक वर्गीकरण से परे है। यह विचार पारंपरिक समझ के तरीकों को चुनौती देता है और साधकों को इंद्रियों और बुद्धि की सीमाओं से परे जाकर अस्तित्व के अनिर्वचनीय सत्य को समझने का आग्रह करता है।

केन उपनिषद के प्रारंभिक श्लोक इसके तत्वमीमांसा संबंधी जिज्ञासा की भूमिका तैयार करते हैं। शिष्य प्रश्न करता है, "मन को कौन संचालित करता है? वाणी को कौन प्रेरित करता है? इंद्रियां कैसे कार्य करती हैं? जीवन को कौन बनाए रखता है?" ये प्रश्न सभी ज्ञान और क्रिया के स्रोत को पहचानने की खोज को दर्शाते हैं।

इसके उत्तर में, उपनिषद यह घोषित करता है कि यह ब्रह्मन्, अंतिम सार है, जो सभी इंद्रिय और बौद्धिक क्षमताओं के कार्य को सक्षम बनाता है। हालांकि, ब्रह्मन् स्वयं इन क्षमताओं की पहुँच से परे है। इसे इस प्रकार वर्णित किया गया है: "जिसके द्वारा मन सोचने के लिए प्रेरित होता है, परंतु जिसे मन से सोचा नहीं जा सकता, उसी को ब्रह्मन् जानो, न कि वह जिसे लोग यहाँ पूजते हैं।" यह विरोधाभासी विवरण ब्रह्मन् के पारलौकिक स्वभाव को प्रकट करता है, यह दर्शाते हुए कि वह अनुभव का कारण है, परंतु अनुभव का विषय नहीं।

दृष्टि, श्रवण, स्पर्श, स्वाद और गंध जैसी इंद्रियां बाहरी संसार के साथ संपर्क स्थापित करने के मुख्य उपकरण हैं। ये भौतिक वास्तविकता को समझने के लिए अनिवार्य हैं, लेकिन स्वभाव से ही सीमित हैं। इंद्रियां केवल सीमित, भौतिक वस्तुओं को एक निश्चित उत्तेजना सीमा के भीतर ही देख सकती हैं। उदाहरण के लिए, मानव नेत्र केवल प्रकाश को एक संकीर्ण रंगावली के भीतर देख सकता है, और एक निश्चित आवृत्ति सीमा के बाहर की ध्वनियां श्रव्य नहीं होतीं।

हिंदू तत्वमीमांसा—जो भारतीय आध्यात्मिक चिंतन की समृद्ध परंपरा में गहराई से निहित एक दार्शनिक प्रणाली है—इंद्रिय अनुभूति की सीमाओं और वास्तविकता को समझने पर उनके प्रभावों के बारे में गहन अंतर्दृष्टि प्रदान करती है।

प्रारंभ में, यह समझना आवश्यक है कि इंद्रिय अनुभूति की स्वाभाविक सीमाएं क्या हैं। इंद्रियां सीमित होती हैं और केवल एक संकीर्ण उत्तेजना सीमा को ही ग्रहण करने के लिए बनाई गई हैं। उदाहरण के लिए, मानव आंखें केवल एक विशेष सीमा की विद्‌तचुंबकीय तरंग दैर्ध्य को देख सकती हैं, और मानव कान केवल एक सीमित ध्वनि आवृत्ति सीमा के प्रति संवेदनशील होते हैं। इसके अलावा, इंद्रिय अनुभूति व्यक्तिनिष्ठ होती है और व्यक्तिगत भिन्नताओं, पर्यावरणीय कारकों और मनोवैज्ञानिक स्थितियों से प्रभावित होती है, जिससे यह स्वभावतः अविश्वसनीय बन जाती है।

हिंदू तत्वमीमांसा इंद्रिय अनुभवों को मायिक संसार, या माया, का हिस्सा मानती है। माया, जो हिंदू दर्शन की एक केंद्रीय अवधारणा है, उस ब्रह्मांडीय भ्रम को दर्शाती है जो वास्तविकता के सच्चे स्वरूप को आवृत करता है।

अद्वैत वेदांत के विचारधारा के अनुसार, मनुष्य अपनी इंद्रियों के माध्यम से जो अनुभव करता है, वह अंतिम वास्तविकता (ब्रह्मन) नहीं है, बल्कि उसका विकृत प्रक्षेपण है। इंद्रिय जगत, जो दैनिक जीवन के लिए व्यावहारिक रूप से वास्तविक है, अंततः अस्थायी और भ्रामक है। इंद्रिय अनुभूति की सीमाओं को भगवद्गीता और उपनिषद जैसे ग्रंथों में स्पष्ट रूप से संबोधित किया गया है।

उदाहरण के लिए, कठोपनिषद इंद्रियों की तुलना जंगली घोड़ों से करता है, जिन्हें अनुशासन और आत्मचिंतन के माध्यम से नियंत्रित करना आवश्यक है। गीता इंद्रिय सुखों की अस्थिरता और शाश्वत आत्मा (आत्मन) को प्राप्त करने के लिए वैराग्य विकसित करने की आवश्यकता पर जोर देती है। इस प्रकार, हिंदू तत्वमीमांसा इंद्रिय अनुभूति को एक व्यापक ज्ञानमीमांसा ढांचे में रखती है, इसकी उपयोगिता को स्वीकार करते हुए इसकी अंतिम अपर्याप्तता के प्रति चेतावनी देती है।

हिंदू तत्वमीमांसा अक्सर इंद्रिय अनुभूति की भ्रामक प्रकृति को समझाने के लिए उपमाओं का उपयोग करती है। एक प्रसिद्ध उदाहरण अद्वैत वेदांत परंपरा में पाया जाने वाला "रस्सी और सांप" का दृष्टांत है।

मंद प्रकाश में, रस्सी को सांप समझ लिया जा सकता है, जिससे यह प्रदर्शित होता है कि इंद्रिय जानकारी कैसे पर्यवेक्षक को भ्रमित कर सकती है। यह त्रुटि तभी ठीक होती है जब वस्तु के वास्तविक स्वरूप को उच्चतर समझ के माध्यम से पहचाना जाता है। यह दृष्टांत इस विचार को रेखांकित करता है कि इंद्रिय अनुभव अस्थायी हैं और गहन सत्य को प्रकट करने के लिए उनकी जांच की जानी चाहिए।

एक और महत्वपूर्ण अवधारणा है व्यवहारिक (अनुभवजन्य वास्तविकता) और परमार्थिक (अंतिम वास्तविकता) के बीच का अंतर। जहां व्यवहारिक में इंद्रिय और लेन-देन का संसार समाहित होता है, वहीं परमार्थिक ब्रह्मन् का शाश्वत और अपरिवर्तनीय सत्य है। हिंदू तत्वमीमांसा यह मानती है कि इंद्रिय अनुभूति केवल अनुभवजन्य क्षेत्र तक ही पहुंच सकती है, जबकि अंतिम वास्तविकता इसकी पहुंच से परे है।

आधुनिक विज्ञान हिंदू तत्वमीमांसा की इंद्रिय अनुभूति की सीमाओं से संबंधित कई अंतर्दृष्टियों की पुष्टि करता है। भौतिकी में प्रगति यह प्रकट करती है कि वास्तविकता का बड़ा हिस्सा, जैसे उपपरमाणु कण और विद्तचुंबकीय तरंगें, मानव इंद्रियों की पहुंच से परे है। न्यूरोसाइंस यह दिखाता है कि मस्तिष्क कैसे व्यक्तिनिष्ठ वास्तविकताओं का निर्माण करता है, जिससे इंद्रिय जानकारी की त्रुटिपूर्णता और अधिक स्पष्ट होती है।

ये वैज्ञानिक निष्कर्ष हिंदू दृष्टिकोण के साथ सामंजस्य रखते हैं कि इंद्रिय अनुभूति वास्तविकता का सीमित और अक्सर भ्रामक प्रतिनिधित्व है। ये यह भी रेखांकित करते हैं कि अस्तित्व की अधिक समग्र समझ प्राप्त करने के लिए अनुभवजन्य जांच को आत्मचिंतन के अभ्यासों के साथ एकीकृत करना कितना महत्वपूर्ण है।

हिंदू तत्वमीमांसा के संदर्भ में मानव इंद्रियों की सीमाओं का विश्लेषण यह दर्शाता है कि अंतिम ज्ञान प्राप्त करने के लिए इंद्रिय अनुभव से परे जाना आवश्यक है। हालांकि इंद्रिय अनुभूति अनुभवजन्य संसार में दिशा-निर्देश के लिए अनिवार्य है, यह अस्तित्व के शाश्वत सत्यों को समझने के लिए अपर्याप्त है।

केन उपनिषद ब्रह्मन् को समझने में इंद्रिय अनुभूति की पर्याप्तता को चुनौती देता है। ब्रह्मन् कोई भौतिक सत्ता नहीं है जो स्थानिक या कालिक सीमाओं में बंधा हो; यह अनंत, निराकार और शाश्वत है। इस प्रकार, यह इंद्रियों की पकड़ से परे है, जो केवल सीमित घटनाओं को अनुभव करने के लिए बनाई गई हैं। उपनिषद साधकों से इन सीमाओं को पहचानने और समझ के एक गहन, अधिक अंतर्दृष्टिपूर्ण तरीके की ओर अग्रसर होने का आग्रह करता है।

हालांकि बुद्धि जानकारी का विश्लेषण और संश्लेषण करने में एक महत्वपूर्ण भूमिका निभाती है, ब्रह्मन् को समझने के संदर्भ में यह भी सीमाओं के अधीन है। बुद्धि अवधारणाओं, श्रेणियों, और द्वैतवादी सोच के माध्यम से कार्य करती है—जो संसार को विषय और वस्तु, आत्म और अन्य, कारण और परिणाम में विभाजित करती है। ये संरचनाएं, जो दैनिक वास्तविकता को समझने में सहायक होती हैं, ब्रह्मन् के अनंत और अविभाज्य स्वरूप को समझने के लिए अपर्याप्त हैं।

मानव क्षमताओं की सीमाएं

यदि मन्यसे सुवेदेति दहरमेवापि नूनम्।

त्वं वेत्थ ब्रह्मन्णो रूपम् यदस्य त्वं यदस्य देवेष्वथ नु मीमाँस्यमेव ते मन्ये विदितम् ॥ ९ ॥

9. यदि तुम सोचते हो, "मैं अच्छी तरह जानता हूँ," तो यह निश्चय ही बहुत थोड़ा है—जो ब्रह्मन् का स्वरूप तुमने जाना है, और जो देवताओं का स्वरूप भी तुमने जाना है। इसलिए, मैं सोचता हूँ कि जिसे तुम जानते हुए मानते हो, उसे अभी भी जानना शेष है।

नाहं मन्ये सुवेदेति नो न वेदेति वेद च ।

यो नस्तद्वेद तद्वेद नो न वेदेति वेद च ॥ १० ॥

10. मैं यह नहीं सोचता कि मैं भली-भांति जानता हूँ; मैं यह भी जानता हूँ, पर यह नहीं कि मैं नहीं जानता। हममें से जो इसे जानता है, वह इसे भी जानता है और यह भी कि "मैं यह भी जानता हूँ, पर यह नहीं कि मैं नहीं जानता" का क्या अर्थ है।

– केन उपनिषद 2.9-2.10

केन उपनिषद बार-बार यह जोर देता है कि ब्रह्मन् को बौद्धिक परिभाषाओं या तार्किक विचारों के माध्यम से नहीं समझा जा सकता। यह कहता है, "यदि तुम सोचते हो कि तुम इसे जानते हो, तो तुम इसे बहुत थोड़ा जानते हो। यदि तुम यह समझते हो कि तुम इसे नहीं जानते, तो वास्तव में तुम इसे जानते हो।" यह विरोधाभासी कथन पारंपरिक ज्ञान के माध्यम से ब्रह्मन् को समझने के प्रयास की निरर्थकता को उजागर करता है। सच्चा ज्ञान तभी उत्पन्न होता है जब कोई बौद्धिक संरचनाओं से परे जाकर ब्रह्मन् का प्रत्यक्ष अनुभव करता है।

केन उपनिषद ब्रह्मन् का वर्णन निषेध के माध्यम से करता है, "नेति, नेति" (यह नहीं, यह नहीं) के सिद्धांत का उपयोग करते हुए। यह विधि ब्रह्मन् की अवर्णनीयता को रेखांकित करती है, सभी सीमित गुणों और द्वैतवादी वर्णनों को अस्वीकार करती है। ब्रह्मन् रूप, गुण और भेद से परे है—यह पारंपरिक अर्थों में न तो अस्तित्ववान है और न ही अनस्तित्ववान। यह निषेधात्मक या नकारात्मक धर्मशास्त्र का दृष्टिकोण यह स्पष्ट करता है कि भाषा और विचार ब्रह्मन् का वर्णन करने के लिए अपर्याप्त साधन हैं। शब्द इंद्रिय और बौद्धिक संरचनाओं में निहित होते हैं, जो स्वभाव से ही सीमित होते हैं। ब्रह्मन्, जो अनंत और निराकार है, इन सभी संरचनाओं से परे है।

सत्यं ज्ञानम् अनन्तं ब्रह्मा यो वेद निहितं गुहायां परमे व्योमन्

सोऽश्नुते सर्वान् कामान् सह ब्रह्मन्णा विपश्चितेति ।

सत्य, ज्ञान, अनंत—यह ब्रह्मन् है। जो इसे उस परम आकाश में छिपे हुए रहस्य के रूप में जानता है, वह विवेकशील ब्रह्मन् के साथ सभी इच्छाओं का आनंद लेता है।

– तैत्तिरीय उपनिषद ब्रह्मानंद वल्ली 2.1.2

तैत्तिरीय उपनिषद एक और दृष्टिकोण प्रस्तुत करता है, जिसमें ब्रह्मन् को "सत्यं, ज्ञानं, अनंतं" के रूप में वर्णित किया गया है, जिसका अर्थ है सत्य, ज्ञान और अनंत। ये शब्द ब्रह्मन् के स्वभाव की ओर संकेत करते हैं, लेकिन इसके पूर्ण सार को व्यक्त करने के लिए अंततः अपर्याप्त हैं।

शब्द और अवधारणाएं सीमित क्षेत्र से संबंधित हैं, जबकि ब्रह्मन् अनंत है और किसी भी श्रेणीकरण से परे है। ब्रह्मन् अवर्णनीय है, जिसका अर्थ है कि इसे शब्दों

में पूरी तरह व्यक्त नहीं किया जा सकता और न ही विचार के माध्यम से पूरी तरह समझा जा सकता है।

यह विचार उपनिषदों में मौलिक है, जो प्राचीन दार्शनिक ग्रंथ हैं और जो अस्तित्व, चेतना और दिव्यता के स्वभाव का अन्वेषण करते हैं। ब्रह्मन् की अवर्णनीयता केवल भाषा या बुद्धि की सीमा नहीं है, बल्कि यह अंतिम वास्तविकता के पारलौकिक स्वभाव की स्वीकृति है।

ब्रह्मन् का वर्णन करने में असमर्थता मानव क्षमताओं की सीमाओं से गहराई से जुड़ी हुई है। भाषा प्रतीकों, परिभाषाओं और भेदों के माध्यम से कार्य करती है, जो अनंत को व्यक्त करने के लिए अपर्याप्त हैं। इसी प्रकार, बुद्धि द्वैतवादी सोच—विषय और वस्तु, आत्म और अन्य, कारण और परिणाम—से प्रभावित होती है, जिससे यह ब्रह्मन् की एकता और अविभाज्यता को समझने में असमर्थ हो जाती है। मुण्डक उपनिषद यह समझाता है कि ब्रह्मन् को बौद्धिक ज्ञान के माध्यम से नहीं, बल्कि प्रत्यक्ष अनुभव से प्राप्त किया जा सकता है: "आत्मा को न तो अध्ययन के माध्यम से, न बुद्धि के माध्यम से, और न ही सुने गए ग्रंथों के माध्यम से जाना जा सकता है। इसे केवल वही जान सकता है जिसे यह स्वयं चुनता है।" यह अनुभूति अंतर्ज्ञान और अनुभव पर आधारित है, जो भाषा और विचार की सीमाओं से परे है।

हालांकि ब्रह्मन् का वर्णन नहीं किया जा सकता, हिंदू दर्शन इस पर जोर देता है कि इसे अनुभव किया जा सकता है। इस अनुभूति को मोक्ष या मुक्ति कहा जाता है, जो ब्रह्मन् के साथ एकत्व की अवस्था है। इस अनुभूति तक पहुंचने का मार्ग आत्म-अन्वेषण, ध्यान, और इंद्रिय तथा भौतिक लक्ष्यों से वैराग्य में निहित है। छांदोग्य उपनिषद इसे "तत्त्वमसि" (तू वही है) वाक्य में संक्षेपित करता है, जो आत्मा (व्यक्तिगत आत्म) और ब्रह्मन् की एकता पर बल देता है।

* * * * *

अध्याय 3

साक्षी

न पृथ्वी न जलं नाग्निर्न वायुर्द्यौर्न वा भवान् ।

एषां साक्षिणमात्मानं चिद्रूपं विद्धि मुक्तये ॥ १-३॥

तुम तत्वों - पृथ्वी, जल, अग्नि, वायु या यहां तक कि आकाश - से नहीं बने हो। मुक्ति प्राप्त करने के लिए, स्वयं को उस चेतन अस्तित्व के रूप में जानो जो इन सबका साक्षी है।

– अष्टावक्र गीता

कल्पना करो! अरे, ठीक है, कल्पना करने की ज़रूरत नहीं, तुम यह हर दिन करते हो! तुम अपने सोफे पर बैठे हो और एक टीवी सीरीज़ देख रहे हो। उसमें ड्रामा है, एक्शन है, कॉमेडी है—सब कुछ। तुम हंसते हो, रोते हो, और चिल्लाते हो, "ये किरदार इतना बेवकूफ क्यों है?!" लेकिन बात यह है कि चाहे शो कितना भी गहन क्यों न हो जाए, तुम सिर्फ दर्शक हो। तुम उस ड्रामा का हिस्सा नहीं हो—तुम उसके साक्षी हो।

यही संक्षेप में आत्मन है। यह तुम्हारा सच्चा स्व है, जीवन के सभी हलचल के पीछे मौन साक्षी। और सबसे बड़ी बात? वही आत्मन ब्रह्मन् भी है—अंतिम वास्तविकता। हैरान हो गए? चलो, इसे थोड़ा और सरल बनाते हैं:

आत्मन, आत्मा का अंतिम "काउच पोटेटो" टीवी देखकर समय गँवाने वाला है। आत्मन सब कुछ का शाश्वत, अपरिवर्तनीय साक्षी है। यह तुम्हारे जीवन की कहानी में उलझता नहीं। तुम्हारा शरीर थका हुआ है? आत्मन कहता है, "अरे, बढ़िया कहानी, भाई।" तुम्हारा मन ज़्यादा सोच रहा है? आत्मन कहता है, "हम्म, दिलचस्प मोड़ है।" यह बस देखता है, शांत और निर्लिप्त। यह उस शांत दोस्त की तरह है जो पार्टी में सबको नाटक करते हुए देखता है और बिना प्रभावित हुए अपने पेय को चुस्की लेकर पीता रहता है।

यहीं पर चीजें रोमांचक हो जाती हैं। अद्वैत वेदांत कहता है कि तुम्हारा आत्मन केवल एक साधारण दर्शक नहीं है; यह ब्रह्मन्, यानी अंतिम वास्तविकता, के समान है। इसे इस तरह सोचो:

आत्मन पानी की एक छोटी बूंद है।

ब्रह्मन् अनंत महासागर है।

और फिर वेदांत चिल्लाता है, "चौंक गए? बूंद और महासागर एक ही चीज़ हैं!"

तुमने सोचा कि तुम बस एक साधारण बूंद हो, अपने आप में मस्त, लेकिन सच तो यह है कि तुम हमेशा से ही महासागर थे। यही अंतिम सत्य है: तुम केवल जीवन के नाटक को देख नहीं रहे हो; तुम ही स्टूडियो हो, अभिनेता हो, पटकथा हो, और परदा भी।

कल्पना करो: तुम्हारा मन एक शोरगुल करने वाले रूममेट की तरह है, जो बोलना बंद ही नहीं करता—"अगर ऐसा हो गया तो? अगर वह काम नहीं किया तो?" वहीं दूसरी तरफ, आत्मन कोने में बैठा चाय की चुस्की ले रहा है और कह रहा है, "भाई, शांत रहो। मैं तो बस शो देख रहा हूँ।" आत्मन न तो निर्णय करता है और न ही हस्तक्षेप करता है। यह बस जागरूक है। यह एक खेल मैच में रेफरी की तरह है, जो खिलाड़ियों को शांतिपूर्वक देखता है लेकिन कभी किसी पक्ष का समर्थन नहीं करता।

हम इसे क्यों नहीं देख पाते? इसका दोष माया को जाता है। याद है माया, वह ब्रह्मांडीय छलिया? वह फिर से आई है, तुम्हें यह सोचने पर मजबूर करने के लिए कि तुम सिर्फ एक संघर्षरत इंसान हो, न कि अनंत आत्मन-ब्रह्मन् का संयोजन। माया एक धुंधले दर्पण की तरह है। जब तुम इसमें देखते हो, तो तुम्हें अपनी विकृत छवि (अहम-स्वरूप) दिखाई देती है और तुम यह भूल जाते हो कि तुम वास्तव में अनंत वास्तविकता हो। यह ऐसा है जैसे सुपरमैन यह भूल जाए कि वह सुपरमैन है क्योंकि वह क्लार्क केंट के रूप में ज्यादा खो गया है।

तुम आत्मन या ब्रह्मन् "बन" नहीं सकते, क्योंकि तुम पहले से ही वही हो। लक्ष्य यह नहीं है कि तुम बदल जाओ कि तुम कौन हो; बल्कि, सच्चाई को जागृत करना है। कल्पना करो एक शेर की, जो खुद को भेड़ समझता है क्योंकि वह भेड़ों के झुंड में बड़ा हुआ। एक दिन, वह एक साफ तालाब में देखता है और कहता है, "रुको जरा... मैं तो शेर हूँ!" यही आत्म-साक्षात्कार है।

इसका मूल है आत्म-अन्वेषण:

"मैं कौन हूँ?"

"क्या मैं यह शरीर हूँ?"

"क्या मैं ये विचार हूँ?"

आखिरकार, तुम्हें एहसास होता है: नहीं, मैं तो साक्षी हूँ। मैं वह विशाल, अनंत, और सदैव शांत ब्रह्मन् हूँ। और मज़ेदार बात यह है कि तुम सदा से ही ब्रह्मन् हो, लेकिन हर तरफ भागते-भागते खुद को एक छोटा, तनावग्रस्त व्यक्ति समझ रहे

थे। ब्रह्मन् शायद हंसते हुए, प्यार से कह रहा होगा, "अरे, मेरे प्यारे छोटे आत्मन। आखिरकार तुम इसे समझ ही लोगे।"

आत्मन शाश्वत साक्षी है, जैसे ब्रह्मांड का अंतिम "काउच पोटेटो," टीवी देखकर समय गँवाने वाला जो जीवन के नाटक से बिल्कुल अप्रभावित रहता है। और जब तुम्हें आखिरकार यह एहसास होता है कि आत्मन कोई और नहीं बल्कि ब्रह्मन् ही है, तो यह ऐसा है जैसे यह समझना कि तुम हमेशा से महासागर थे जो खुद को बूंद समझने का नाटक कर रहा था, या सुपरमैन जो यह भूल गया कि वह सुपरमैन है।

ब्रह्मांडीय मज़ेदार सच? तुम हमेशा से अनंत, शाश्वत और आनंदमय थे—तुम्हें बस अपने मन के शोर भरे नाटक को देखना बंद कर के याद करना था। तत्त्वमसि: तुम वही हो।

आत्मन क्या है?

हिंदू तत्वमीमांसा अस्तित्व, वास्तविकता और आत्मस्वरूप के स्वभाव पर गहन अंतर्दृष्टि प्रदान करती है, जिसमें शरीर और चेतना के बीच के भेद पर जोर दिया गया है। हिंदू दर्शन के मूल में यह मान्यता है कि सच्चा आत्म, या आत्मन, न तो भौतिक शरीर है और न ही मन, बल्कि वह शाश्वत चेतना है जो सभी अनुभवों का साक्षी है। यह अवधारणा उपनिषदों, भगवद्गीता और अद्वैत वेदांत की शिक्षाओं का एक प्रमुख आधार है, जो एक ऐसी वास्तविकता की दृष्टि प्रस्तुत करती है जिसमें आत्मा अस्थायी शरीर और मन से भिन्न है।

शारीरिक शरीर मानव अनुभव का एक मूलभूत पहलू है, जो संवेदी धारणा और बाहरी दुनिया के साथ संपर्क को सक्षम बनाता है। हिंदू दर्शन शरीर को प्रकृति (भौतिक प्रकृति) का हिस्सा मानता है, जिसमें पांच तत्व—पृथ्वी, जल, अग्नि, वायु और आकाश—शामिल होते हैं। शरीर जन्म, विकास, क्षय और मृत्यु के अधीन होता है, जो समय और प्रकृति के नियमों द्वारा नियंत्रित होते हैं। अपनी स्पष्ट महत्ता के बावजूद, हिंदू तत्वमीमांसा में शरीर को अस्थायी और क्षणभंगुर माना गया है।

कठोपनिषद शरीर की अस्थायी प्रकृति पर जोर देते हुए कहता है:

"जैसे मनुष्य पुराने वस्त्रों को त्यागकर नए वस्त्र धारण करता है, वैसे ही आत्मा पुराने शरीरों को त्यागकर नए शरीरों में प्रवेश करती है।"

यह उपमा इस विचार को स्पष्ट करती है कि शरीर केवल आत्मा के लिए एक माध्यम है, जो शारीरिक मृत्यु के परे भी बना रहता है। शरीर एक अस्थायी पात्र के रूप में कार्य करता है, लेकिन यह अस्तित्व का सच्चा सार नहीं है।

हिंदू तत्वमीमांसा में यह दावा कि व्यक्ति शरीर नहीं बल्कि शाश्वत चेतना (आत्मा) है, दार्शनिक तर्क, शास्त्रीय घोषणाओं और अनुभवजन्य अंतर्दृष्टियों द्वारा समर्थित है। ये प्रमाण, पारंपरिक अर्थ में भौतिक नहीं होते हुए भी, हिंदू चिंतन की अंतर्दृष्टिपूर्ण, आत्मनिरीक्षणात्मक और तत्वमीमांसीय संरचना पर आधारित हैं।

आत्मा और शरीर के बीच क्या भेद हैं?

हिंदू तत्वमीमांसा आत्मा और शरीर के बीच भेद को स्थापित करने के लिए तर्क का उपयोग करती है:

शरीर परिवर्तनशील है: शरीर जन्म से लेकर मृत्यु तक निरंतर परिवर्तन से गुजरता है, जैसे विकास, वृद्धावस्था और क्षय। लेकिन "मैं" का अनुभव स्थिर रहता है। यह अपरिवर्तनीय चेतना इंगित करती है कि आत्मा शरीर से भिन्न है, क्योंकि शरीर अस्थायी है।

शरीर अनुभव का विषय है: शरीर को देखा, महसूस किया और विश्लेषण किया जा सकता है, जिससे यह एक वस्तु बनता है। हिंदू चिंतन के अनुसार, आत्मा शाश्वत द्रष्टा है—पर्यवेक्षक। पर्यवेक्षक स्वयं देखी जाने वाली वस्तु नहीं हो सकता।

चेतना विभिन्न अवस्थाओं में बनी रहती है: जाग्रत, स्वप्न और गहरी निद्रा की अवस्थाओं में शरीर और मन अलग-अलग परिस्थितियों से गुजरते हैं, लेकिन चेतना (आत्मा) साक्षी के रूप में बनी रहती है। चेतना की यह स्थिरता उसके स्वतंत्र स्वभाव को इंगित करती है।

शरीर अस्थायी है और परिवर्तन के अधीन है, जबकि चेतना (आत्मा) शाश्वत, अपरिवर्तनीय और अंतिम साक्षी है। इस भेद को समझने से व्यक्ति शरीर से अपनी पहचान का अतिक्रमण कर लेता है, जो आध्यात्मिक मुक्ति (मोक्ष) और अनंत वास्तविकता (ब्रह्मन्) के साथ एकता की ओर ले जाता है। यह गहन अंतर्दृष्टि आत्म-खोज और मुक्ति के मार्ग पर साधकों को प्रेरित करती रहती है।

शरीर के विपरीत, चेतना को शाश्वत, अपरिवर्तनीय और अनंत के रूप में वर्णित किया गया है। यह शरीर या मन की उत्पत्ति नहीं है, बल्कि वही सार है जो उन्हें जीवंत और प्रकाशमान करता है। आत्मा, या स्व, को इस चेतना के साथ पहचाना जाता है और इसे शरीर और मन से भिन्न माना जाता है।

बृहदारण्यक उपनिषद प्रसिद्ध रूप से घोषणा करता है: "आत्मा देखने वाला है, जिसे आँख नहीं देख सकती; सुनने वाला है, जिसे कान नहीं सुन सकता; सोचने वाला है, जिसे मन नहीं सोच सकता; जानने वाला है, जिसे बुद्धि नहीं जान सकती।"

यह कथन आत्मा की साक्षी भूमिका को समाहित करता है। जबकि इंद्रियां और मन अनुभव करते, सोचते और कार्य करते हैं, आत्मा अपरिवर्तनीय दृष्टा है, जो इन प्रक्रियाओं को सक्षम बनाता है लेकिन उनसे प्रभावित नहीं होता।

इसी प्रकार, केन उपनिषद चेतना का वर्णन इस रूप में करता है, जिसे इंद्रियों या बुद्धि द्वारा सीधे अनुभव नहीं किया जा सकता, लेकिन जो सभी अनुभव और ज्ञान का आधार है: "वह जो मन को सोचने की क्षमता देता है, लेकिन जिसे मन नहीं सोच सकता, वही ब्रह्मन् है।"

अद्वैत वेदांत का दर्शन, जिसे आदि शंकराचार्य ने प्रतिपादित किया, वास्तविकता की अद्वैत (अद्वितीय) प्रकृति पर बल देता है। अद्वैत के अनुसार, आत्मा न केवल शरीर और मन से भिन्न है, बल्कि ब्रह्मन्, जो परम वास्तविकता है, के साथ एकरूप भी है।

साक्षी के रूप में आत्मा

अद्वैत में आत्मा को साक्षी के रूप में वर्णित किया गया है, जो मन, शरीर और बाहरी दुनिया के खेल को बिना किसी आसक्ति या भागीदारी के देखता है। इस साक्षी चेतना की तुलना एक दीपक से की जाती है जो एक कमरे को प्रकाशमान करता है—यह अपने प्रकाश में सभी वस्तुओं को प्रकट करता है लेकिन उनसे अप्रभावित रहता है।

शंकराचार्य की मांडूक्य उपनिषद पर की गई व्याख्या जाग्रत, स्वप्न और गहरी निद्रा की अवस्थाओं के बीच आत्मा और इन अवस्थाओं के भेद को स्पष्ट करती है। आत्मा सभी अवस्थाओं में स्थिर और अपरिवर्तनीय रहती है, जबकि शरीर और मन के क्षणभंगुर अनुभवों का साक्षी बनी रहती है।

आत्मा को साक्षी के रूप में पहचानने में एक मुख्य बाधा शरीर और मन के साथ पहचान (अहंकार) है। यह पहचान अज्ञान या अविद्या के कारण उत्पन्न होती

है, जो व्यक्ति को अनात्मा (जो आत्मा नहीं है) को आत्मा मानने की भूल कराती है। भगवद्गीता इस भ्रम को संबोधित करती है, जहां कृष्ण अर्जुन को याद दिलाते हैं:

"शरीर के नष्ट होने पर आत्मा नष्ट नहीं होती।"

ध्यान और आत्म-अन्वेषण के माध्यम से व्यक्तियों को सच्चे स्व और अस्तित्व के क्षणभंगुर पहलुओं के बीच अंतर करने के लिए प्रेरित किया जाता है। विवेक का अभ्यास शाश्वत को क्षणिक से अलग करने में सहायता करता है, जो आत्मा को पर्यवेक्षक के रूप में पहचानने की ओर ले जाता है।

चेतना को साक्षी के रूप में और शरीर के रूप में नहीं पहचानना, हिंदू दर्शन में मोक्ष, या मुक्ति, प्राप्त करने का मूल आधार है। मोक्ष जन्म और मृत्यु के चक्र (संसार) से मुक्ति और अहंकार, या झूठे स्वभाव की पहचान, का विलय है।

अष्टावक्र गीता कहती है:

"तुम प्रत्येक चीज़ के एकमात्र साक्षी हो और सदैव पूर्णत: मुक्त हो। तुम्हारे बंधन का कारण यह है कि तुम स्वयं को इससे अलग कुछ और मानते हो।"

यह बोध वास्तविकता के प्रति व्यक्ति की धारणा को बदल देता है, शरीर, मन और भौतिक जगत के प्रति आसक्ति को समाप्त कर देता है। व्यक्ति अब क्षणिक अनुभवों से अपनी पहचान नहीं करता, बल्कि आत्मा के अपरिवर्तनीय आनंद में स्थित हो जाता है।

चेतना का विज्ञान

चेतना और शरीर के बीच का भेद न केवल एक तत्वमीमांसीय अंतर्दृष्टि है, बल्कि आधुनिक चुनौतियों का सामना करने के लिए एक व्यावहारिक मार्गदर्शक भी है। भौतिकवाद और शारीरिक पहचान से प्रभावित युग में, आत्मा को साक्षी के रूप में पहचानना आंतरिक शांति और धैर्य का मार्ग प्रदान करता है। ध्यान, सचेतनता और आत्म-अन्वेषण, जो हिंदू शिक्षाओं में निहित हैं, व्यक्तियों को भीतर स्थित अपरिवर्तनीय साक्षी से जोड़ने में मदद करते हैं, जिससे तनाव और बाहरी उथल-पुथल को पार किया जा सकता है।

जब हम हिंदू धर्म के संदर्भ में तत्वमीमांसा को समझते हैं, जो मानव शरीर और शरीर में स्थित आत्मा के बीच स्पष्ट भेद करता है, तो आइए इस पर विज्ञान के दृष्टिकोण से भी विचार करें। इस बहस के केंद्र में मन-शरीर समस्या है। यह प्रश्न कि अभौतिक मन भौतिक शरीर के साथ कैसे संपर्क करता है। तंत्रिका विज्ञान (न्यूरोसाइंस) ने मस्तिष्क के कार्य को समझने में महत्वपूर्ण प्रगति की है, फिर भी चेतना—हमारा व्यक्तिगत अनुभव—अब भी एक गहन रहस्य बना हुआ है।

सर रोजर पेनरोस, जो एक प्रसिद्ध भौतिक विज्ञानी हैं, और स्टुअर्ट हैमरॉफ, एक निश्चेतना विशेषज्ञ (एनेस्थेसियोलॉजिस्ट), ने "ऑर्केस्ट्रेटेड ऑब्जेक्टिव रिडक्शन" सिद्धांत प्रस्तावित किया है। ऑर्केस्ट्रेटेड ऑब्जेक्टिव रिडक्शन एक अत्यधिक विवादास्पद सिद्धांत है, जो यह मानता है कि चेतना तंत्रिका कोशिका (न्यूरॉन्स) के भीतर प्रमात्रा (क्वांटम) स्तर पर उत्पन्न होती है, न कि तंत्रिका कोशिका संपर्क (न्यूरल कनेक्शन) का उत्पाद है। इसके अलावा, अति तेजस्विता (सुपररेडियंस) एक सहयोगात्मक उत्सर्जन प्रक्रिया है, जिसे मस्तिष्क में चेतना के संभावित तंत्र के रूप में जांचा गया है।

एक अध्ययन में, जिसका हिस्सा हैमरॉफ थे, अल्बर्टा विश्वविद्यालय के जैक तुज़िंस्की ने प्रदर्शित किया कि एनेस्थेटिक्स एक प्रक्रिया की अवधि को तेज करते हैं जिसे विलंबित चमक (डिलेड ल्यूमिनेसेंस) कहा जाता है, जिसमें माइक्रोट्यूब्यूल्स और ट्यूब्यूलिन कैद की गई रोशनी को पुनः उत्सर्जित करते हैं। तुज़िंस्की को संदेह है कि इस घटना का एक क्वांटम मूल है, और सुपररेडियंस को एक संभावना के रूप में जांचा जा रहा है। (2024 के एक अध्ययन में यह पुष्टि हुई कि सुपररेडियंस ट्रिप्टोफैन नेटवर्क्स में होता है, जो माइक्रोट्यूब्यूल्स में पाए जाते हैं।)

तुज़िंस्की ने न्यू साइंटिस्ट मैगज़ीन को बताया, “हम इसे अभी शारीरिक दृष्टि से इस स्तर पर नहीं समझ सकते कि ‘हाँ, यहीं से चेतना शुरू होती है,’ लेकिन यह संभव हो सकता है।"

उल्लेखित अध्ययन है “जैविक संरचनाओं में ट्रिप्टोफैन के मेगा-नेटवर्क्स से पराबैंगनी सुपररेडियंस” जिसे एन. एस. बैबकॉक, जी. मोंटेस-काब्रेरा, के. ई. ओबर्होफर, एम. चेर्गुई, जी. एल. सेलेर्डो और पी. कुरियन द्वारा लिखा गया है।

एपिजेनेटिक्स, जो डीएनए अनुक्रम में परिवर्तन के बिना जीन अभिव्यक्ति में होने वाले वंशानुगत परिवर्तनों का अध्ययन है, यह दर्शाता है कि अनुभव हमारे आनुवंशिक पदार्थ पर आणविक "छापें" छोड़ सकते हैं। यह अवधारणा प्राचीन दार्शनिक विचारों के समानांतर है, जिसमें आत्मा के विभिन्न जन्मों में अनुभवों का सार संजोने की बात की गई है। हालांकि यह आत्मा के अस्तित्व को सिद्ध नहीं करता, लेकिन यह इस संभावना की खोज के द्वार खोलता है कि स्मृति या चेतना जैसे गैर-भौतिक तत्व भौतिक वास्तविकता को कैसे प्रभावित कर सकते हैं।

इन रोचक खोजों के बावजूद, वैज्ञानिक समुदाय विभाजित बना हुआ है। आलोचकों का तर्क है कि आत्मा से जोड़ी गई कई घटनाओं को संज्ञानात्मक पूर्वाग्रहों, न्यूरोलॉजिकल विसंगतियों, या अध्ययनों में पद्धतिगत खामियों से समझाया जा सकता है। उदाहरण के लिए, निकट-मृत्यु अनुभव हाइपोक्सिया (ऑक्सीजन की कमी) या मस्तिष्क द्वारा एक आघातपूर्ण घटना को समझने के प्रयास का परिणाम हो सकते हैं।

चेतना के क्वांटम सिद्धांत, हालांकि आकर्षक हैं, अक्सर अनुभवजन्य समर्थन की कमी रखते हैं और इन्हें अटकलपूर्ण मानकर आलोचना की जाती है। आत्मा की खोज, विज्ञान और आध्यात्मिकता के संगम का प्रतिनिधित्व करती है

जहाँ पारंपरिक विज्ञान अनुभवजन्य प्रमाण और पुनरुत्पादन पर निर्भर करता है, वहीं आध्यात्मिकता अक्सर व्यक्तिपरक अनुभवों और तत्वमीमांसीय अवधारणाओं से संबंधित होती है। इन दृष्टिकोणों को एकीकृत करने के लिए नए प्रतिमानों के प्रति खुलापन और अंतःविषय सहयोग की आवश्यकता होती है ।

प्रौद्योगिकी में प्रगति, जैसे ब्रेन-कंप्यूटर इंटरफेस और क्वांटम कंप्यूटिंग, अंततः चेतना की जांच के लिए अभूतपूर्व तरीकों से उपकरण प्रदान कर सकती है।

हालांकि आत्मा का निश्चित प्रमाण अब भी अप्राप्त है, वैज्ञानिक अन्वेषण ने ऐसे घटनाओं का पता लगाया है जो भौतिकवादी धारणाओं को चुनौती देते हैं और एक अमूर्त सार के अस्तित्व की संभावना की ओर संकेत करते हैं। निकट-मृत्यु अनुभवों से लेकर चेतना के क्वांटम सिद्धांतों तक, ये खोजें आगे की जांच और वास्तविकता की हमारी समझ के पुनर्मूल्यांकन के लिए आमंत्रित करती हैं।

आत्मा के अस्तित्व को सिद्ध करने की खोज केवल एक शैक्षणिक अभ्यास नहीं है, बल्कि यह अस्तित्व की प्रकृति और ब्रह्मांड में मानवता के स्थान पर गहन विचार है।

चाहे विज्ञान अंततः आत्मा के अस्तित्व की पुष्टि करे या नहीं, यह खोज स्वयं जीवन, चेतना और ब्रह्मांड की हमारी समझ को समृद्ध करती है।

* * * * *

अध्याय 4

कल्पना

सशरीरमिदं विश्वं न किञ्चिदिति निश्चितम् ।

शुद्धचिन्मात्र आत्मा च तत्कस्मिन्कल्पनाधुना ॥ १९ ॥

मैंने यह समझ लिया है कि यह सब और मेरा शरीर कुछ भी नहीं हैं, जबकि मेरा सच्चा स्व केवल शुद्ध चेतना है, तो अब कल्पना किस पर कार्य करे?

– अष्टावक्र गीता 2.19

आपको एक शानदार नकाबपोश पार्टी में आमंत्रित किया गया है। आप एक भव्य पोशाक पहनते हैं—मान लीजिए, एक योद्धा या राजकुमारी की पोशाक—और उस भूमिका में इतना डूब जाते हैं कि आप भूल जाते हैं कि यह सिर्फ एक पोशाक है। कई घंटे बाद, कोई आपके कंधे पर थपथपाता है और कहता है, "अरे, अब घर जाने का समय हो गया है।" आप कहते हैं, "घर? लेकिन मैं तो एक योद्धा हूं!" और वे कहते हैं, "नहीं, दोस्त। तुम तो बॉब हो, लेखांकन विभाग से।"

यही शरीर के साथ पहचान बनाने जैसा है। आपने इस "पोशाक" (अपने शरीर) को इतने लंबे समय तक पहना है कि आप अपने सच्चे स्वरूप—अनंत, निराकार आत्मा—को भूल गए हैं। चलिए, इसे और गहराई से समझते हैं!

अद्वैत वेदांत कहता है कि आपका शरीर एक किराए की गाड़ी की तरह है। यह दुनिया में चलने-फिरने के लिए उपयोगी है, लेकिन यह आप नहीं हैं। फिर भी, हम इसे चमकाने, सजाने, और अगर कोई इसे खरोंच दे तो परेशान होने में लगे रहते हैं।

अगर आपका शरीर भूख महसूस करता है, तो आप कहते हैं, "मैं भूखा हूं।"

अगर यह थकावट महसूस करता है, तो आप कहते हैं, "मैं थक गया हूं।"

लेकिन क्या आप वास्तव में भूखे या थके हुए हैं? नहीं! यह तो बस किराए की गाड़ी का ईंधन कम हो रहा है।

शरीर के साथ पहचान बनाना ऐसा है जैसे कार में बैठकर चिल्लाना, "मैं यही कार हूं!" ब्रह्मांड शायद मुस्कुराते हुए कह रहा होगा, "ओह, प्यारे, नहीं।"

माया, ब्रह्मांडीय मायावी, का प्रवेश होता है। माया उस दोस्त की तरह है जो बार-बार कहता है, "आज तुम बहुत अच्छे लग रहे हो!" जिससे तुम अपने रूप-रंग से और अधिक जुड़ जाते हो। यह तुम्हें यह विश्वास दिलाने में चालाकी करती है कि तुम्हारा शरीर ही सबकुछ है। इस बीच, आत्मा, जो तुम्हारा सच्चा स्वरूप है, पृष्ठभूमि में बैठी इस तमाशे को देख रही होती है और कह रही होती है, "दोस्तों, मैं तो शाश्वत हूं। हम अस्थायी चीजों पर इतना क्यों अटके हुए हैं?"

यहां एक मजेदार सच्चाई है: आपका शरीर विचित्रता से भरा हुआ है। यह छींकता है, डकार लेता है, उम्र बढ़ाता है, और अंत में खत्म हो जाता है। फिर भी, हम इसे इतनी गंभीरता से लेते हैं!

चेहरे पर एक झुर्रियां? घबराहट शुरू।
थोड़ा वजन बढ़ गया? अस्तित्व का संकट।

वेदांत कहता है, "दोस्त, आराम करो। तुम शरीर नहीं हो—यह तो बस इस जीवन के लिए तुम्हारी सवारी है।"

शरीर के साथ इस पहचान को पार करना वैसा ही है जैसे नकाबपोश पार्टी में अपनी पोशाक उतार देना। अद्वैत वेदांत आपको यह करने के लिए इस तरह सुझाव देता है:

1. आत्म-चिंतन: "मैं कौन हूं?"

अपने आप से पूछें:

"क्या मैं यह शरीर हूं? यह तो हर समय बदलता रहता है।"

"क्या मैं ये विचार हूं? ये आते और जाते रहते हैं।"

आखिरकार, आपको एहसास होगा: "रुको, मैं तो इन सभी परिवर्तनों का साक्षी हूं। मैं पोशाक नहीं हूं—मैं वह हूं जिसने इसे पहना है!"

2. ध्यान: ब्रह्मांडीय शांति की गोली

ध्यान आपको पीछे हटकर अपने शरीर और मन को बिना उलझे देखने में मदद करता है। यह ऐसा है जैसे आप कोई फिल्म देख रहे हों, बिना यह सोचे कि आप मुख्य किरदार हैं।

3. शरीर-केंद्रित सोच से अलग हो जाएं

"मैं भूखा हूं" कहने के बजाय कहें, "शरीर भूखा है।"

"मैं बीमार हूं" कहने के बजाय कहें, "शरीर को फ्लू हो रहा है।"

यह सुनने में अजीब लगता है, लेकिन यह काम करता है! आप शरीर को एक वस्तु की तरह देखना शुरू करते हैं, न कि अपनी पहचान के रूप में। शरीर उस होटल के कमरे की तरह है जिसमें आप एक छोटे से सफर के लिए ठहरे हुए हैं। इसे साफ-सुथरा और आरामदायक रखना ठीक है, लेकिन यह सोचना शुरू न करें, "यह होटल का कमरा ही मेरा सच्चा घर है!" जैसे ही आप चेक-आउट करेंगे, आपको एहसास होगा कि आप कभी भी वह कमरा नहीं थे—आप हमेशा एक यात्री थे।

असल में, अगर आप अपने शरीर को बहुत गंभीरता से लेते हैं, तो ब्रह्मन् शायद मुस्कुराते हुए कह रहा होगा, "ये लोग एक अस्थायी पोशाक पर ही अटके हुए हैं, जबकि मैं यहां बैठा अनंत हूं।"

जब आप शरीर के साथ अपनी पहचान बनाना बंद कर देते हैं, तो आपको एहसास होता है कि आप आत्मा हैं—शाश्वत, अपरिवर्तनीय, और स्वतंत्र। शरीर तो बस इस ब्रह्मांडीय थीम पार्क में आपकी अस्थायी सवारी है। यह ऐसा है जैसे सुपरमैन अपने क्लार्क केंट वाले चश्मे उतारकर कहे, "ओह, सही, मैं तो सुपरमैन हूं। मैं क्या सोच रहा था?"

शरीर के साथ अपनी पहचान बनाना ऐसा है जैसे दर्पण में अपनी परछाई को असली "आप" समझ लेना। अद्वैत वेदांत हमें धीरे से याद दिलाता है कि पीछे हटें, अपनी पोशाक उतारें, और इस ब्रह्मांडीय मजाक पर हंसें। सच्चाई क्या है?

आप शरीर नहीं हैं; आप अनंत आत्मा हैं, जो शांति से बैठी है जबकि शरीर अपना काम कर रहा है। तो आगे बढ़ें, इस सवारी का आनंद लें, लेकिन यह मत भूलें कि गाड़ी चला कौन रहा है।

भौतिक शरीर के रूप में पहचान बनाना

मनुष्य अक्सर अपनी पहचान को भौतिक शरीर के साथ समानार्थी मान लेते हैं। यह पहचान, जो इंद्रिय अनुभवों, सामाजिक अनुकूलन और व्यक्तिगत जुड़ावों द्वारा गहराई से स्थापित और सुदृढ़ होती है, कई प्रकार के दुःखों की जड़ बनती है। हिंदू तत्वज्ञान, उपनिषदों, भगवद्गीता और अद्वैत वेदांत जैसे ग्रंथों की ज्ञानवाणी से प्रेरणा लेकर, यह तर्क देता है कि यह गलत पहचान अज्ञान (अविद्या) का परिणाम है। यह आत्मा (आत्मन) के शाश्वत चेतना स्वरूप को अस्पष्ट कर देती है और जीवन को दुख, भय और अधूरी इच्छाओं में उलझा देती है।

हिंदू तत्वज्ञान में, शरीर को प्रकृति (अस्तित्व का भौतिक पहलू) का हिस्सा माना गया है, जिसमें भौतिक शरीर, इंद्रिय अंग और मन शामिल हैं। सच्चे आत्मा या आत्मन को शाश्वत, अपरिवर्तनीय और सभी भौतिक रूपों से परे बताया गया है। हालांकि, अविद्या (अज्ञान) के कारण, व्यक्ति शरीर और मन के साथ अपनी पहचान बना लेते हैं और इन्हें ही आत्मा समझने की भूल करते हैं।

इंद्रिय अंग निरंतर बाहरी दुनिया के साथ जुड़ते रहते हैं, जिससे अनुभवों की एक सतत धारा बनती है। ये अनुभव—सुख, दुख, आनंद और पीड़ा—शरीर के माध्यम से महसूस किए जाते हैं और मन द्वारा व्याख्या की जाती है। समय के साथ,

मन इन इंद्रिय और मानसिक अनुभवों के साथ आत्मा को जोड़ने की आदत डाल लेता है।

उदाहरण के लिए: चोट का दर्द "मैं दर्द में हूं" के रूप में व्याख्या किया जाता है। या भोजन के सुख को "मैं संतुष्ट हूं" के रूप में समझा जाता है। इन संघों की बार-बार पुष्टि करने से शरीर में निहित एक झूठी पहचान की भावना विकसित हो जाती है।

समाज इस पहचान को और मजबूत करता है, जब वह शारीरिक रूप, उपलब्धियों और संपत्तियों को पहचान के संकेतकों के रूप में महत्व देता है। ऐसे कथन जैसे "आप वही हैं जो आप पहनते हैं" या "आप आपकी उपलब्धियां हैं" आत्म-मूल्य को बाहरी, शरीर-संबंधित गुणों से जोड़ते हैं, और इस भ्रम को बनाए रखते हैं कि शरीर ही आत्मा को परिभाषित करता है। शरीर को आत्मा समझने की यह गलती गहरे प्रभाव डालती है, जिनमें से कई दुख और पीड़ा की ओर ले जाते हैं।

शरीर नश्वर है, यह बुढ़ापे, बीमारी और मृत्यु के अधीन है। जब कोई व्यक्ति शरीर के साथ अपनी पहचान बनाता है, तो इन प्राकृतिक प्रक्रियाओं को अस्तित्व के लिए खतरे के रूप में देखा जाता है। मृत्यु का भय अनिवार्य हो जाता है, जो चिंता और शरीर को सुरक्षित रखने की मजबूरी को जन्म देता है। हिंदू ग्रंथ तर्क देते हैं कि यह भय व्यक्ति के सच्चे स्वरूप के अज्ञान से उत्पन्न होता है। जैसा कि भगवद गीता (2.20) में कहा गया है:

“आत्मा न तो जन्म लेती है, न ही कभी मरती है; और एक बार अस्तित्व में आकर कभी समाप्त नहीं होती। यह अजन्मा, शाश्वत, अपरिवर्तनीय और कालातीत है।"

शरीर के साथ पहचान भौतिक संपत्तियों, संबंधों, और उपलब्धियों के प्रति लगाव को बढ़ावा देती है, क्योंकि इन्हें आत्मा के विस्तार के रूप में देखा जाता है। हालांकि, ये लगाव अस्थायी होते हैं और जब इनका अंत होता है, तो अनिवार्य रूप से दुख का कारण बनते हैं। बृहदारण्यक उपनिषद चेतावनी देता है:

“जो कुछ भी हमें प्रिय है, वह आत्मा के कारण ही प्रिय है।"

बाहरी वस्तुओं को आत्मा समझने की भूल के कारण, व्यक्ति इच्छाओं और असंतोष के अंतहीन चक्र में फंस जाता है।

जब पहचान शरीर से जुड़ी होती है, तो लोग अपने शारीरिक गुणों, उपलब्धियों या संपत्तियों के आधार पर खुद की तुलना दूसरों से करते हैं। इससे ईर्ष्या, असुरक्षा और अपर्याप्तता की भावनाएं पैदा होती हैं, जो व्यक्तियों को उनके सच्चे स्वरूप से और अधिक दूर कर देती हैं।

हिंदू तत्वज्ञान सिखाता है कि शरीर के साथ पहचान इच्छाओं और अनुराग से प्रेरित कर्म (क्रियाएं) को बनाए रखती है। ये क्रियाएं व्यक्तियों को जन्म और मृत्यु के चक्र (संसार) से बांधती हैं, जिससे मोक्ष प्राप्त नहीं हो पाता। कठोपनिषद (1.2.6) में कहा गया है:

न सांपरायः प्रतिभाति बलम् प्रमाद्यन्तं वित्तमोहेन मूढ़म्।

अयं लोको नास्ति पर इति मणि पुनःप्राप्तवस्मापद्यते मे ॥ 6 ॥

"मूढ़ लोग, जो अज्ञान में निवास करते हैं, फिर भी स्वयं को ज्ञानी मानते हैं, अंधों द्वारा मार्गदर्शित अंधों की तरह इधर-उधर लड़खड़ाते हुए चक्कर लगाते रहते हैं।"

हिंदू दर्शन यह स्थापित करता है कि सच्चा आत्मा, या आत्मन, शुद्ध चेतना है, जो शरीर और मन से भिन्न है। मांडूक्य उपनिषद आत्मन का वर्णन इस प्रकार करता है:

"वह जो अदृश्य देखने वाला है, अश्रव्य सुनने वाला है, अचिंतित सोचने वाला है, और अज्ञात जानने वाला है।"

भौतिक शरीर के साथ झूठी पहचान को कैसे दूर करें?

भौतिक शरीर के साथ झूठी पहचान को दूर करने के लिए आध्यात्मिक अनुशासन की आवश्यकता होती है, जैसा कि हिंदू ग्रंथों में वर्णित है। यही मोक्ष का मार्ग है।

आत्म-चिंतन (आत्म-विचार)

आत्म-विचार का अभ्यास "मैं कौन हूं?" यह प्रश्न पूछने पर आधारित है। अपनी अनुभवों का विश्लेषण करके व्यक्ति यह समझता है कि शरीर, मन और इंद्रियां आत्मा नहीं हैं। जैसा कि छांदोग्य उपनिषद (6.8.7) में कहा गया है:

स य एशोऽणिमैतदात्म्यमिदं सर्वं तत्सत्यं स आत्मा तत्त्वमसि श्वेतकेतो इति भूय एव मा भगवान्विद्यापयत्वीति तथा सोम्येति होवाच ॥ 6.8.7 ॥

'जो सबसे सूक्ष्म है, वही इस सबकी आत्मा है। वही सत्य है। वही आत्मा है। वही तुम हो, हे श्वेतकेतु ।' [तब श्वेतकेतु ने कहा,] 'महाराज, कृपया मुझे इसे फिर से समझाइए।' 'हाँ, सौम्य, मैं फिर से समझाऊँगा,' उसके पिता ने उत्तर दिया।

"तत्त्वमसि" (तू वही है)।

यह कथन आत्मा (आत्मन) और ब्रह्मन् (सर्वोच्च सत्य) की एकता की पुष्टि करता है।

ध्यान: ध्यान इंद्रिय और मानसिक गतिविधियों से अलग होने में मदद करता है, जो शरीर के साथ पहचान को मजबूत करते हैं। गहरे ध्यान में साधक आत्मन का अनुभव शुद्ध चेतना के रूप में करते हैं, जो शरीर की सीमाओं से मुक्त होता है।

विवेक : विवेक या विवेचन का अभ्यास शाश्वत और अस्थायी के बीच अंतर करने पर आधारित है। यह समझकर कि शरीर नश्वर है, व्यक्ति आत्मा के साक्षात्कार को प्राथमिकता देना सीखता है।

तटस्थता : तटस्थता शरीर की इच्छाओं और भौतिक संपत्तियों से विरक्ति कर्म के चक्र को तोड़ने में मदद करती है। भगवद गीता (2.47) सलाह देती है:

कर्मण्येवाधिकारस्ते मा फलेषु कदाचन |

मा कर्मफलहेतुर्भूर्मा ते सङ्गोऽस्त्वकर्मिणि || 47 ||

तुम्हें अपने निर्धारित कर्तव्यों का पालन करने का अधिकार है, लेकिन तुम अपने कर्मों के फलों के हकदार नहीं हो। अपने आप को कभी भी अपने कर्मों के परिणामों का कारण मत समझो, न ही अकर्म में आसक्त रहो।

दुख का मूल कारण शरीर के साथ झूठी पहचान है। स्वयं को चेतना के रूप में जानकर, व्यक्ति भय, आसक्ति और पीड़ा से ऊपर उठ जाता है। मृत्यु का भय तब समाप्त हो जाता है जब यह समझ में आता है कि आत्मा शाश्वत और अविनाशी है। यह समझ कि भौतिक संपत्तियां और संबंध अस्थायी हैं, आसक्ति और उससे उत्पन्न होने वाले दुख को कम कर देती है। आत्मा में स्थित रहना पूर्णता और आंतरिक शांति का अनुभव कराता है, क्योंकि तब व्यक्ति बाहरी स्रोतों से मान्यता या संतोष की खोज नहीं करता।

* * * * *

अध्याय 5

ज्ञान

अहं स शुक्तिसङ्काशो रूप्यवद् विश्वकल्पना ।

इति ज्ञानं तथैतस्य न त्यागो न ग्रहो लयः ॥ ६-३॥

मैं सीप की तरह हूं, और कल्पित संसार चांदी के समान है। इसे जानना ही ज्ञान है, और इसके बाद न तो त्याग है, न स्वीकृति, और न ही इसका अंत।

अहं वा सर्वभूतेषु सर्वभूतान्यथो मयि ।

इति ज्ञानं तथैतस्य न त्यागो न ग्रहो लयः ॥ ६-४॥

वैकल्पिक रूप से, मैं सभी प्राणियों में हूं, और सभी प्राणी मुझमें हैं। इसे जानना ही ज्ञान है, और इसके बाद न तो त्याग है, न स्वीकृति, और न ही इसका अंत।

– अष्टावक्र गीता 6.3-6.4

आप एक ब्रह्मांडीय क्विज़ शो में प्रतियोगी हैं, जिसका नाम है "कौन बनना चाहता है एक ज्ञानवान प्राणी?" जीवन, ब्रह्मांड, और हर चीज़ के बारे में कठिन सवालों की एक श्रृंखला के बाद, आखिरी सवाल आता है:

"सच में, आप कौन हैं?"

आप वहां बैठे पसीना पोंछ रहे हैं, आपका मन तेजी से दौड़ रहा है:

"क्या मैं मेरा नाम हूं?"

"क्या मैं मेरा काम हूं?"

"क्या मैं मेरा इंस्टाग्राम बायो हूं?"

दर्शक हैरान हो जाते हैं। मेज़बान, वेदांत एलेक्स ट्रेबेक, नाटकीय अंदाज़ में झुकते हैं।

आप अचानक बोल उठते हैं:

"अहम् ब्रह्मास्मि!"

रोशनी चमकने लगती हैं। कंफेटी गिरने लगती है।

मेज़बान चिल्लाते हैं: "सही जवाब! आपने परम ज्ञान जीत लिया है!"

"अहम् ब्रह्मास्मि" का अर्थ है, "मैं ब्रह्मन् हूं।" यह सिर्फ एक अच्छा वाक्यांश नहीं है; यह इस बात की अनुभूति है कि आप, एक व्यक्तिगत आत्मा (आत्मन) के रूप में, अनंत, निराकार, शाश्वत सत्य (ब्रह्मन्) हैं। यह परम ज्ञान है, क्योंकि यह समय के सबसे बड़े प्रश्न का उत्तर देता है: "मैं कौन हूं?"

आपने जीवन के अर्थ को हर जगह खोजा—पुस्तकों, गुरुओं, मीम्स में—और फिर आपको एहसास होता है: आप ही वह हैं! यह वैसा ही है जैसे आप अपने चश्मे को खोज रहे हों, जबकि वह आपकी आंखों पर ही हो। सत्य हमेशा आपके साथ ही था।

"अहम् ब्रह्मास्मि" को समझने से पहले, जीवन फोमो (कुछ खो देने का डर) से भरा होता है:

"अगर मैं असफल हो जाऊं तो?"

"अगर लोग मुझे जज करें तो?"

"अगर मैंने यह नेटफ्लिक्स सीरीज खत्म नहीं की तो?"

"अहम् ब्रह्मास्मि" को समझने के बाद, आप ऐसे सोचते हैं:

"रुको, मैं तो शाश्वत और अनंत हूं। डरने की क्या बात है? मैं तो सचमुच ब्रह्मांड हूं जो 'बॉब' बनने का नाटक कर रहा है।"

जीवन के नाटक किसी सोप ओपेरा धारावाहिक को देखने जैसे लगने लगते हैं—मनोरंजक, लेकिन रोने की बात नहीं।

"अहम् ब्रह्मास्मि" का सबसे मजेदार हिस्सा यह है कि आप हमेशा से ही ब्रह्मन् थे। यह वैसा ही है जैसे एक अरबपति अपना बैंक खाता भूल जाए और ₹100 खाने के बिल को लेकर तनाव में पड़ जाए। जैसे ही आप सच्चाई समझते हैं, आप अपने माथे पर हाथ मारते हैं और कहते हैं, "ओह, मैं तो हमेशा से अनंत था!"

"अहम् ब्रह्मास्मि" परम ज्ञान है, क्योंकि यह आपको सीमाओं के भ्रम से मुक्त करता है। यह ब्रह्मांडीय "यूरिका!" पल है, जहां आप अपनी अस्थायी भूमिका के साथ पहचान बनाना छोड़ देते हैं और यह समझ जाते हैं कि आप पूरी मंच, नाटक, और दर्शक हैं।

ब्रह्मांड धीरे से आपकी पीठ थपथपाते हुए कहता है:

"बधाई हो! आपने सच्चाई समझ ली। अब शो का आनंद लो, लेकिन याद रखना—तुम सिर्फ अभिनेता नहीं हो। तुम सबकुछ हो।"

ब्रह्मन् के साथ एकत्व

जैसे-जैसे हम गहराई में जाते हैं, अब तक आपको यह एहसास हो गया होगा कि हम अद्वैत की ओर बढ़ रहे हैं, जो हिंदू धर्म का अद्वैत (अद्वैतवाद) दर्शन है। अद्वैत वेदांत हिंदू धर्म के सबसे गहन और प्रभावशाली दार्शनिक प्रणालियों में से एक है, जो उपनिषदों, ब्रह्मन् सूत्रों और भगवद गीता में निहित है। इस विचारधारा को मुख्य रूप से 8वीं शताब्दी ईस्वी में आदि शंकराचार्य ने प्रतिपादित किया, जिसने अद्वैत (अद्वैतवाद) की एक दृष्टि प्रस्तुत की, जो वास्तविकता की पारंपरिक धारणाओं को चुनौती देती है। उपनिषदों के प्रमुख वाक्य, जैसे "तत्त्वमसि" (तू वही है) और "अहम् ब्रह्मास्मि" (मैं ब्रह्मन् हूं), अद्वैत वेदांत की शिक्षाओं की नींव बनाते हैं।

अद्वैत वेदांत व्यक्तिगत आत्मा (आत्मन) और परम सत्य (ब्रह्मन्) की मूलभूत एकता को स्वीकार करता है, यह मानते हुए कि इस एकत्व की अनुभूति के माध्यम से मुक्ति (मोक्ष) प्राप्त होती है। अद्वैत वेदांत में ब्रह्मन् अनंत, शाश्वत और अपरिवर्तनीय वास्तविकता है, जो प्रकट संसार के आधार और उससे परे है। ब्रह्मन् को सत्-चित्-आनंद (अस्तित्व, चेतना, और आनंद) के रूप में वर्णित किया गया है। यह अद्वैत है, जिसका अर्थ है कि इसके अलावा कोई दूसरी वास्तविकता नहीं है। संसार में दिखाई देने वाली सभी विविधताओं को ब्रह्मन् की शक्ति (माया) की अभिव्यक्ति माना जाता है।

आत्मन का तात्पर्य किसी व्यक्ति के अंतःस्थ सार या आत्मा से है। अद्वैत वेदांत का मानना है कि आत्मन ब्रह्मन् से भिन्न नहीं है। आत्मन की स्पष्ट व्यक्तिगतता अज्ञान (अविद्या) और शरीर, मन, और अहंकार के साथ पहचान के कारण उत्पन्न होती है।

अद्वैत वेदांत में आत्मन और ब्रह्मन् की एकता एक प्रमुख सिद्धांत है। इस अभेद को शास्त्रों के प्रमाण, तार्किक तर्कों, और ध्यान के अनुभवों के माध्यम से समझाया गया है। आत्मन और ब्रह्मन् दोनों को शुद्ध चेतना (चित्) के रूप में वर्णित किया गया है।

चेतना को विभाजित या खंडित नहीं किया जा सकता; इसलिए, व्यक्तिगत चेतना सार्वभौमिक चेतना से अलग नहीं है। नेति-नेति (यह नहीं, वह नहीं) की विधि के माध्यम से आत्मा के सभी सीमित और अस्थायी गुणों को नकार दिया जाता है, जिससे निराकार और अनंत ब्रह्मन् शेष रहता है, जो सच्चे आत्म (आत्मन) के समान है।

आत्मन और ब्रह्मन् दोनों को शाश्वत, अनंत और अपरिवर्तनीय बताया गया है। चूंकि दो अनंत वास्तविकताएं एक साथ अस्तित्व में नहीं रह सकतीं बिना एक-दूसरे को नकारे, अद्वैत इस निष्कर्ष पर पहुंचता है कि आत्मन और ब्रह्मन् समान हैं।

अद्वैत का अनुभव करना

अद्वैत वेदांत ध्यान और आत्म-चिंतन (आत्म-विचार) के माध्यम से अद्वैत (अद्वैतवाद) के अनुभवात्मक साक्षात्कार पर जोर देता है। साधकों को अपने स्वभाव पर गहराई से मनन करने के लिए प्रेरित किया जाता है, जिससे वे अहंकार आधारित पहचानों को पार कर आत्मन को ब्रह्मन् के रूप में पहचान सकें। गहरे ध्यान की अवस्था में, विषय और वस्तु के बीच के भेद समाप्त हो जाते हैं, जिससे समस्त अस्तित्व की एकता ब्रह्मन् के रूप में प्रकट होती है।

आत्मन और ब्रह्मन् की प्रतीत होने वाली विभाजन को अविद्या (अज्ञान) और माया (भ्रम) के कारण माना जाता है। जैसे रस्सी को सांप समझने का भय निकट से जांच करने पर समाप्त हो जाता है, वैसे ही अद्वैत का साक्षात्कार अलगाव के भ्रम को दूर कर देता है।

मांडूक्य उपनिषद महासागर और लहरों के उपमान का उपयोग करता है। लहरें (व्यक्तिगत आत्माएं) अलग दिखाई देती हैं, लेकिन महासागर (ब्रह्मन्) से अलग नहीं होतीं।

माया नाम और रूपों की दुनिया की रचना करती है, जिससे व्यक्तिगतता का भ्रम उत्पन्न होता है। हालांकि, इन प्रक्षेपणों से परे जो वास्तविकता है, वह ब्रह्मन् है, जो इनसे अप्रभावित रहता है।

माया वह सिद्धांत है जो संसार में द्वैत और विविधता का भ्रम पैदा करती है। यह आत्मन और ब्रह्मन् के बीच अलगाव की धारणा के लिए उत्तरदायी है। माया न पूरी तरह से वास्तविक है और न पूरी तरह से अवास्तविक; इसे आश्रित अस्तित्व वाला बताया गया है।

अविद्या, या अज्ञान, मानव पीड़ा और बंधन का मूल कारण है। यह ब्रह्मन् के वास्तविक स्वरूप को छिपा देती है और व्यक्तिगतता और द्वैत का भ्रम उत्पन्न करती है। मुक्ति (मोक्ष) का मार्ग अविद्या को ज्ञान के माध्यम से दूर करना है। मोक्ष आत्मन और ब्रह्मन् की अद्वैतता का साक्षात्कार है, जिससे जन्म और मृत्यु के चक्र (संसार) से मुक्ति मिलती है। इसे शाश्वत आनंद और सभी द्वैतपूर्ण धारणाओं की समाप्ति के रूप में वर्णित किया गया है।

ब्रह्मन् के साथ एकत्व शांति लाता है।

हिंदू तत्वज्ञान में अद्वैतवाद का सिद्धांत वास्तविकता की एक परिवर्तनीय दृष्टि प्रस्तुत करता है। यह अलगाव और द्वैत के भ्रम को समाप्त करके स्थायी शांति के लिए एक आधार प्रदान करता है। विभाजन और संघर्ष से भरे इस युग में, अद्वैतवाद का

दर्शन अत्यंत प्रासंगिक है। यह न केवल व्यक्तिगत असंतोष का समाधान करता है, बल्कि पर्यावरणीय क्षरण और सामाजिक असमानता जैसे सामूहिक मुद्दों को भी संबोधित करता है।

अस्तित्व की एकता को समझना सतत प्रथाओं और समावेशी नीतियों को प्रेरित कर सकता है। इसके अलावा, आधुनिक मनोविज्ञान भी ध्यान और अद्वैत जागरूकता के लाभों को तेजी से स्वीकार कर रहा है। अद्वैत वेदांत से प्रेरित तकनीकों को चिकित्सीय प्रथाओं में शामिल किया जा रहा है, जो तनाव कम करने और कल्याण को बढ़ाने में उनकी प्रभावशीलता को दर्शाता है।

अद्वैतवाद के दर्शन में विश्वास भय से बड़ी मुक्ति ला सकता है। अधिकांश भय की जड़ में अलगाव की भावना होती है: स्वयं बनाम दूसरा, ज्ञात बनाम अज्ञात। अद्वैतवाद इस द्वंद्व को समाप्त कर देता है। जब कोई व्यक्ति ब्रह्मांड के साथ अपनी एकता को समझता है, तो भय का प्रभाव समाप्त हो जाता है।

मृत्यु, जिसे अक्सर चिंता का अंतिम स्रोत माना जाता है, को अद्वैत में अंत के रूप में नहीं, बल्कि शाश्वत ब्रह्मन् के भीतर एक संक्रमण के रूप में पुनः व्याख्यायित किया जाता है। उदाहरण के लिए, कठोपनिषद में कहा गया है, "जब हृदय में वास करने वाली सभी इच्छाएं समाप्त हो जाती हैं, तब नश्वर अमर हो जाता है और ब्रह्मन् को प्राप्त करता है।" इच्छाओं और भय के समाप्त होने से अडिग शांति की अवस्था प्राप्त होती है।

यह आंतरिक संघर्षों के समाधान में भी सहायक हो सकता है। मानव अक्सर विरोधाभासी भावनाओं, इच्छाओं और पहचानों के बीच विभाजित महसूस करता है।

अद्वैतवाद सिखाता है कि ये संघर्ष अहंकार, जो माया का निर्माण है, के साथ पहचान बनाने से उत्पन्न होते हैं। यह समझकर कि सच्चा आत्म द्वैत से परे है, व्यक्ति इन आंतरिक संघर्षों से ऊपर उठ सकता है। अद्वैत में ध्यान अभ्यास व्यक्ति को अपने विचारों को बिना आसक्ति के देखने के लिए प्रोत्साहित करता है, यह समझते हुए कि पर्यवेक्षक (आत्मन) मन के उतार-चढ़ाव से अलग है। यह विरक्ति स्पष्टता और समभाव को बढ़ावा देती है।

अद्वैत आज के समय में करुणा और सहानुभूति ला सकता है, जिसकी दुनिया को पहले से कहीं अधिक आवश्यकता है। जब कोई दूसरों को अपने ही विस्तार के रूप में, उसी सार्वभौमिक चेतना का हिस्सा समझता है, तो करुणा स्वाभाविक रूप से उत्पन्न होती है। उपनिषद का वाक्य "तत्त्वमसि" ("तू वही है") यह याद दिलाता है कि स्वयं और दूसरों के बीच कोई मौलिक अंतर नहीं है। यह समझ न केवल आपसी तनाव को कम करती है बल्कि एक सामंजस्यपूर्ण सह-अस्तित्व को भी बढ़ावा देती है।

एक ऐसी दुनिया में जहां अस्थिरता हावी है, स्थिरता को पकड़ने की कोशिश दुख का कारण बनती है। अद्वैतवाद सिखाता है कि परिवर्तन माया, अर्थात् भ्रमित संसार, का एक गुण है। अपरिवर्तनीय ब्रह्मन् के साथ पहचान बनाकर, व्यक्ति परिवर्तन को बिना प्रतिरोध के स्वीकारना सीखता है। यह दृष्टिकोण सहनशीलता और अनुकूलनशीलता को प्रोत्साहित करता है।

अद्वैतवाद आपस में जुड़े होने पर जोर देकर नैतिक व्यवहार को प्रेरित करता है। जब कोई सभी प्राणियों को एक ही वास्तविकता का हिस्सा मानता है, तो शोषण और हानि की कल्पना भी असंभव हो जाती है। अहिंसा का अभ्यास स्वाभाविक रूप से इसका परिणाम है, जो व्यक्तिगत और सामूहिक शांति दोनों में योगदान देता है।

हालांकि इस दर्शन के कई लाभ हैं, कुछ लोग तर्क दे सकते हैं कि अद्वैतवाद अमूर्त और अव्यावहारिक है। फिर भी, इसके उपदेश दैनिक जीवन में गहराई से प्रासंगिक हैं। उदाहरण के लिए, यह समझना कि आत्मा शरीर या मन तक सीमित नहीं है, प्रतिस्पर्धा और तुलना के तनाव को कम कर सकता है। इसी प्रकार, यह जानना कि भौतिक संपत्तियां अस्थायी हैं, आसक्ति और लालच को कम कर सकता है।

एक और गलतफहमी यह है कि अद्वैतवाद निष्क्रियता की ओर ले जाता है। इसके विपरीत, यह सचेत कर्म को प्रोत्साहित करता है। अहंकार और परिणामों के प्रति आसक्ति के बिना कार्य करके, व्यक्ति दुनिया के साथ अधिक प्रभावी और सामंजस्यपूर्ण रूप से जुड़ सकता है।

अद्वैतवाद का अंतिम लक्ष्य मुक्ति (मोक्ष) है, जो जन्म और पुनर्जन्म (संसार) के चक्र से मुक्त होने और सभी दुखों के अंत को दर्शाता है। यह मुक्ति आत्मन और ब्रह्मन् की एकता की अनुभूति के माध्यम से प्राप्त होती है। इस प्रक्रिया में गहरे आंतरिक परिवर्तन, भ्रमों का नाश, और प्रत्यक्ष अनुभवजन्य ज्ञान शामिल है।

अज्ञान मानव पीड़ा का मूल कारण है। यह शरीर, मन और अहंकार के साथ पहचान के रूप में प्रकट होता है, जो आसक्ति, द्वेष और क्षणिक सुखों की अंतहीन खोज को जन्म देता है। अद्वैत वेदांत यह दावा करता है कि मुक्ति ज्ञान से उत्पन्न होती है, न कि कर्मकांडों या बाहरी उपलब्धियों से। यह समझकर कि आत्मा न तो शरीर है, न मन, बल्कि अनंत चेतना (ब्रह्मन्) है, व्यक्ति अज्ञान के बंधन से मुक्त हो जाता है।

आत्म-चिंतन ("मैं कौन हूं?") जैसे अभ्यासों और उपनिषदों की शिक्षाओं के माध्यम से, व्यक्तियों को अपने वास्तविक स्वरूप को पहचानने के लिए मार्गदर्शन मिलता है। "तत्त्वमसि" ("तू वही है") की अनुभूति अलगाव के भ्रम को समाप्त करती है और मुक्ति की ओर ले जाती है।

माया, जो भौतिक संसार का भ्रमित स्वभाव है, व्यक्तियों को संसार से बांधती है। मुक्ति का अर्थ है इस भ्रम को भेदना और समझना कि सभी रूप, नाम और घटनाएं ब्रह्मन् की अस्थायी अभिव्यक्तियां हैं। यह विरक्ति उदासीनता का संकेत नहीं देती, बल्कि दृष्टिकोण में बदलाव का प्रतीक है। व्यक्ति यह सीखता है कि संसार से जुड़े बिना इसके अस्थायी पहलुओं के प्रति आसक्त हुए बिना इसके साथ कैसे जुड़ना है, जिससे आंतरिक स्वतंत्रता प्राप्त होती है। उदाहरण के लिए, भगवद गीता कर्मों को उनके परिणामों से मुक्त होकर करने की सलाह देती है ("निष्काम कर्म")। इस प्रकार की विरक्ति समभाव को बढ़ावा देती है और आत्म-साक्षात्कार के लिए मन को तैयार करती है।

मुक्ति का मूल आधार एकत्व की पहचान है। उपनिषदों में मुक्ति को व्यक्तिगत आत्मा का सार्वभौमिक चेतना में विलय के रूप में वर्णित किया गया है। जब झूठा अहंकार समाप्त हो जाता है, तो व्यक्ति असीम शांति और आनंद का अनुभव करता है। छांदोग्य उपनिषद कहता है, "इस संसार में कोई विविधता नहीं है; जो यहाँ

विविधता देखता है, वह मृत्यु से मृत्यु की ओर जाता है।" अस्तित्व की एकता का साक्षात्कार द्वैत से उत्पन्न पीड़ा का अंत कर देता है।

मुक्त व्यक्ति भय और इच्छाओं से परे होता है। भय अलगाव और असुरक्षा की भावना से उत्पन्न होता है, जबकि इच्छाएं असंतोष और बेचैनी को बनाए रखती हैं। अद्वैत ज्ञान इन्हें मिटा देता है, क्योंकि यह आत्मा के अनंत और शाश्वत स्वभाव को प्रकट करता है। मुक्त व्यक्ति यह समझता है कि वह पूर्ण और आत्मनिर्भर है, बाहरी परिस्थितियों से अप्रभावित।

मुक्ति कोई दूर का लक्ष्य नहीं है, बल्कि एक अवस्था है। ध्यान और सचेतन के माध्यम से, व्यक्ति अपने सच्चे स्वरूप के प्रति जागरूकता विकसित करता है। यह जागरूकता दैनिक जीवन में समाहित हो जाती है, जिससे सामान्य अनुभव भी दिव्यता की अभिव्यक्ति बन जाते हैं। इस प्रकार, मुक्ति जीवन से पलायन नहीं है, बल्कि इसके साथ एक ज्ञानपूर्ण जुड़ाव है।

* * * * *

अध्याय 6

शून्य

कतम आत्मेति योऽयं शुद्धः पूतः शून्यः शान्ता

आप पूछते हैं: आत्मा कौन है? (उत्तर:) वही जो शुद्ध, स्वच्छ, शून्य, और शांत बताया गया है।

– मैत्रायनीय उपनिषद् 6.31

आपने अभी-अभी एक बिल्कुल नए घर में कदम रखा है। वहां कोई फर्नीचर नहीं है, कोई अव्यवस्था नहीं—सिर्फ साफ-सुथरी, खुली जगह। यह इतना शांत है कि आप सोचते हैं, "वाह, यह तो परफेक्ट है!" लेकिन फिर आप चीजें लाना शुरू

करते हैं: एक सोफा, एक कॉफी टेबल, कुछ अनोखे लैंप, एक बड़ा सा बीनबैग। देखते ही देखते जगह भर जाती है, और आप उस शुरुआती खालीपन की आनंदमयी अनुभूति को भूल जाते हैं।

अद्वैत वेदांत में, शून्य उस मूल, अव्यवस्थित अवस्था का प्रतीक है—ब्रह्मन् का शुद्ध, अनंत स्वरूप। यह निराशाजनक तरीके से "शून्यता" नहीं है; बल्कि यह वह विशाल, अनंत संभावनाओं का आधार है जो सब कुछ के पीछे है।

शून्य अनुपस्थिति का खालीपन नहीं है, बल्कि उपस्थिति की पूर्णता है। यह एक खाली कैनवास की तरह है—जो दिखने में खाली है, लेकिन उसमें अनंत संभावनाएं छिपी होती हैं, जो कुछ भी बन सकती हैं। ब्रह्मन् अपनी शुद्ध अवस्था में निराकार, गुण रहित और सभी द्वैतों से परे है। यह शुद्ध शून्य है—सीमाओं से खाली, लेकिन अनंत संभावनाओं से परिपूर्ण।

सच कहें तो, इंसान "खालीपन" के साथ अच्छा नहीं करता। हम एक शांत कमरे में जाते हैं और तुरंत सोचते हैं, "यहां एक मोटिवेशनल पोस्टर होना चाहिए।" इसी तरह, हम ब्रह्मन् की शुद्ध अवस्था को देखते हैं और कहते हैं, "चलो इसमें कुछ रूप, नाम और पहचान जोड़ देते हैं!" माया, जो कि ब्रह्मांड की इंटीरियर डेकोरेटर है, कहती है, "कैसा रहेगा थोड़ा अहंकार, इच्छाएं और आसक्तियां डाल दें? शायद द्वैत का थोड़ा सा रंग भी?" और देखिए, सरलता जटिलता में बदल जाती है।

शून्य को एक शोर-शराबे वाली पार्टी के बाद की शुद्ध शांति के रूप में सोचें। यह उबाऊ शांति नहीं है; यह एक गहरी संतुष्टि देने वाली शांति है। जीवन अक्सर अव्यवस्थित महसूस होता है—जैसे एक गंदा अलमारी, जो चिंताओं, इच्छाओं और व्याकुलता से भरा हुआ हो। शून्य वह क्षण है जब आप अलमारी खोलते हैं, सब कुछ बाहर फेंकते हैं, और शुद्ध अस्तित्व की सरलता में आनंदित होते हैं।

शून्य, ब्रह्मन् की शुद्ध अवस्था के रूप में, "खाली" नहीं है जैसा कि हम आमतौर पर सोचते हैं—यह ध्यान भटकाने वाली चीजों, अहंकार और सीमाओं से खाली है। यह वह अनंत कैनवास है जहाँ सभी रूप उत्पन्न होते हैं और विलीन होते हैं। यह ब्रह्मांडीय समकक्ष है जैसे एक आलसी रविवार को पाजामा पहनना—कोई दिखावा नहीं, कोई जटिलताएं नहीं, बस अस्तित्व की शुद्ध खुशी।

शून्य ब्रह्मन् की शुद्ध अवस्था है।

शून्य का अवधारणा, जो संस्कृत से उत्पन्न हुई है, "शून्य" या "खालीपन" को दर्शाती है, लेकिन इसमें गहरे दार्शनिक अर्थ जुड़े हुए हैं। प्राचीन भारतीय गणित और बौद्ध विचारधारा से उत्पन्न होकर, शून्य अनुपस्थिति या अस्तित्वहीनता की स्थिति को दर्शाता है।

हिंदू दर्शनशास्त्र, विशेष रूप से अद्वैत वेदांत और अन्य पंथों में, शून्य केवल निराशावाद नहीं है, बल्कि यह संभाव्यता और पारलौकिकता की एक गहरी अवस्था है। यह अहंकार और व्यक्तित्व के विलय का प्रतीक है, जो उच्च सत्य की प्राप्ति का मार्ग प्रशस्त करता है।

पहली नज़र में, शून्य और ब्रह्मन् एक-दूसरे के विपरीत प्रतीत हो सकते हैं, एक खालीपन पर जोर देता है और दूसरा पूर्णता पर। हालांकि, हिंदू तत्त्वमीमांसा उनके आपसी संबंध को प्रकट करता है। शून्य और ब्रह्मन् के बीच का अंतर्संबंध हिंदू तत्त्वमीमांसा विचारधारा का सार है—स्पष्ट विरोधाभासों का सहज एकीकरण, जो अंतिम सत्य को प्रकट करता है।

जबकि शून्य रूप से पहले के शून्य को दर्शाता है, ब्रह्मन् उस अनंत वास्तविकता को दर्शाता है जो रूप से परे है। मिलकर, वे साधकों को परिवर्तनकारी यात्रा पर मार्गदर्शन करते हैं, जो अस्थायी से शाश्वत तक होती है, और अस्तित्व और चेतना की प्रकृति के बारे में गहरे दृष्टिकोण प्रदान करते हैं।

शून्य को सबसे पहले प्राचीन भारतीय गणितीय ग्रंथों में देखा गया, जहाँ यह संख्या शून्य का प्रतीक था—संख्याओं के इतिहास में एक क्रांतिकारी अवधारणा। दार्शनिक रूप से, यह बौद्ध विचारधारा के "सुन्नता" में गूंजता है, जो स्वाभाविक अस्तित्व की अनुपस्थिति को दर्शाता है। हालांकि, हिंदू व्याख्याएं अक्सर शून्य को केवल शून्यता के बजाय रचनात्मक संभावनाओं के स्थान के रूप में देखती हैं।

अद्वैत वेदांत में, शून्य को उस अवस्था के रूप में समझा जाता है जहाँ माया (भ्रम) को पार किया जाता है, जिससे साधक ब्रह्मन्न की अधोसंवेदनशील वास्तविकता को अनुभव कर पाता है।

शून्य को केवल नकारात्मकता के रूप में नहीं देखा जाता, बल्कि यह एक ऐसी प्रारंभिक अवस्था है जिसमें सीमित अस्तित्व की सीमाएँ नष्ट हो जाती हैं, और अनंत प्रकट होता है। यह द्वैतवादी भेदों की अवास्तविकता को उजागर करता है, साधकों को विपरीतताओं से परे जाने और सभी रूपों के पीछे छुपी एकता को पहचानने का आह्वान करता है।

शून्य एक वैचारिक रूपरेखा के रूप में कार्य करता है, जिसे अभिव्यक्तिमूलक (ना बताया या दिखाया गया) को समझने के लिए उपयोग किया जाता है। पार्थिव और भ्रांतियों को नकारते हुए, यह उन चीजों पर विचार करने का निमंत्रण देता है जो घटनाओं से परे हैं। इस दृष्टि से, शून्य सामान्य दृष्टिकोण और आध्यात्मिक अंतर्दृष्टि के बीच एक सेतु के रूप में कार्य करता है।

ध्यान और तपस्वी प्रथाएँ मानसिक शून्य की अवस्था को विकसित करने पर बल देती हैं, जहाँ विचार और ध्यान भटकाव समाप्त हो जाते हैं। यह अवस्था ब्रह्मांड के साथ एकता के प्रत्यक्ष अनुभव और अंतिम वास्तविकता के आभास को बढ़ावा देती है। प्राणायाम (श्वास नियंत्रण) और ध्यान जैसी तकनीकें अभ्यासकर्ता को इस शून्य की अवस्था में लाने का उद्देश्य रखती हैं, जिससे आत्म और ब्रह्मांड के बारे में गहरे दृष्टिकोण प्राप्त होते हैं।

शून्य को रूपकों में प्रतीकित किया जाता है जैसे आकाश, जो खाली होता हुआ भी सब कुछ अपने भीतर समाहित करता है। इसी प्रकार, शून्य वह पृष्ठभूमि है जिसके खिलाफ अस्तित्व का गतिशील खेल होता है, जो शून्यता के भीतर एक अंतर्निहित पूर्णता को दर्शाता है। यह विरोधाभासी पूर्णता हिंदू आध्यात्म में इसके भूमिका को समझने के लिए महत्वपूर्ण है, क्योंकि यह स्वयं ब्रह्मन् के अनंत संभाव्यता को प्रतिबिंबित करता है।

ब्रह्मन् और शून्य के बीच संबंध को अद्वैतवाद के दृष्टिकोण से समझा जा सकता है। अद्वैत वेदांत, जो हिंदू दर्शन का एक प्रमुख पंथ है, यह सिखाता है कि ब्रह्मन् अंतिम वास्तविकता है, और बाकी सब कुछ एक भ्रम (माया) है। इस दृष्टिकोण से, शून्य ब्रह्मन् से अलग नहीं है, बल्कि वह वह अद्वैत अवस्था है जिससे सब कुछ उत्पन्न होता है और जिसमें सब कुछ लौटता है।

ब्रह्मन्, अंतिम स्रोत के रूप में, मानव धारणा से परे है, लेकिन जो दुनिया हम अनुभव करते हैं, वह माया (भ्रम) द्वारा आकारित होती है, जो अनुभवजन्य दुनिया और अंतिम वास्तविकता के बीच भेद उत्पन्न करती है। शून्य, तब, इन भेदों के समाप्ति का प्रतीक है — वह बिंदु जहाँ दुनिया फिर से ब्रह्मन् में विलीन हो जाती है।

इस प्रकार, शून्य ब्रह्मन् की अंतिम अवस्था है जब सभी प्रकट और रूप अनुपस्थित होते हैं, और यह ब्रह्मन् के एकत्व में लौटता है। इस दृष्टिकोण से, शून्य ब्रह्मन् के विपरीत नहीं है, बल्कि यह वही वास्तविकता है जिसे एक अलग दृष्टिकोण से देखा जाता है — वह दृष्टिकोण जो सभी चीजों में अद्वैतऔर शून्यता को उजागर करता है।

अद्वैत वेदांत, जिसे प्रमुख रूप से आदि शंकराचार्य द्वारा प्रस्तुत किया गया है, यह तर्क करता है कि ब्रह्मन् ही केवल सच्ची वास्तविकता है, और दुनिया में सभी भेद भ्रमपूर्ण हैं। शंकराचार्य के लिए, शून्य का अवधारणा ब्रह्मन् की प्रकृति को समझने में अभिन्न है। इस परंपरा में, शून्य को ब्रह्मन् की अभिव्यक्तिहीन अवस्था के रूप में देखा जाता है, जो सभी द्वैत रूपों से परे है। ब्रह्मन् के इस शून्य स्वभाव का अनुभव मोक्ष या मुक्ति की ओर ले जाता है।

अद्वैत दृष्टिकोण यह बल देता है कि आत्मा ब्रह्मन् के समान है, और आत्म-निर्दर्शन और ध्यान के माध्यम से, व्यक्ति यह समझ सकता है कि व्यक्तिगत और ब्रह्मांड के बीच का प्रतीत होने वाला भेद भ्रमपूर्ण है। इस अनुभव में, शून्य शुद्ध जागरूकता की अवस्था का प्रतीक है, जो समय, स्थान और व्यक्तित्व की सीमाओं से मुक्त है।

हिंदू ब्रह्माण्डविज्ञान में, ब्रह्माण्ड सृजन, संरक्षण और विलयन के चक्रीय कालों से गुजरता है। ब्रह्मन्, जो सबका स्रोत है, वह अपरिवर्तनीय सिद्धांत है जिसके माध्यम से ये चक्र घटित होते हैं। प्रत्येक चक्र के अंत में, ब्रह्माण्ड शून्य में विलीन हो जाता है, जो निराकारता और शून्यता की अवस्था है, और फिर से इसी शून्य से पुनः सृजित होता है।

यह चक्रीय प्रक्रिया, जो पुराणों में वर्णित है, ब्रह्मन् को ब्रह्माण्ड का स्रोत और अंतिम गंतव्य मानने वाले आध्यात्मिक विचार के साथ सामंजस्य में है। शून्य इस प्रक्रिया में एक महत्वपूर्ण भूमिका निभाता है, क्योंकि यह मध्यवर्ती अवस्था है, जहाँ सभी रूप अपरिवर्तित ब्रह्मन् में विलीन हो जाते हैं, पुनः प्रकट होने का इंतजार करते हुए।

अद्वैत वेदांत के अनुसार, अंतिम सत्य अद्वैत है: ब्रह्मन् ही एकमात्र वास्तविकता है, और आत्मा (आत्मन) और संसार के बीच के दिखावटी भेद माया (भौतिक संसार का भ्रम) के कारण उत्पन्न होते हैं।

जब एक व्यक्ति वास्तविकता की अद्वैत प्रकृति को पहचान लेता है, तो वह शाश्वत शांति का अनुभव करता है क्योंकि वह अब स्वयं को संसार या दिव्य से अलग नहीं मानता।

इस संदर्भ में, शून्य विभाजन की अनुपस्थिति है। यह शुद्ध चेतना की अवस्था को दर्शाता है जहाँ विषय और वस्तु, आत्म और अन्य के बीच कोई भेद नहीं होता।

द्वैत की इस अनुपस्थिति से सभी संघर्ष, इच्छा और दुख का विलयन होता है। इस शून्यता में केवल शांति होती है, क्योंकि अब संसार के अस्थायी पहलुओं से कोई पहचान नहीं होती। यह समझ कि शून्य ही आत्मा और ब्रह्मांड दोनों की असली प्रकृति है, आंतरिक शांति की गहरी भावना लाती है।

मोक्ष, हिंदू धार्मिक अभ्यास का अंतिम उद्देश्य, अक्सर शाश्वत शांति के अनुभव के रूप में वर्णित किया जाता है। यह जन्म, मृत्यु और पुनर्जन्म के चक्र से मुक्ति है।

यह मुक्ति तब प्राप्त होती है जब एक व्यक्ति अपने असली स्वरूप को ब्रह्मन् के रूप में पहचानता है — वह अद्वैत, शाश्वत, और अनंत वास्तविकता। मोक्ष की अवस्था दुख, इच्छा (तृष्णा), और अज्ञान (अविद्या) के समाप्त होने से पहचानी जाती है, जो सभी द्वैत में विश्वास से उत्पन्न होते हैं।

शून्य ब्रह्मन् की शुद्ध अवस्था का प्रतीक है, जो किसी भी भेद या रूप से मुक्त है। यह उस मूल अवस्था की वापसी है जब ब्रह्माण्ड के विषय और वस्तु में विभाजन से पहले अस्तित्व था। इस अर्थ में, शून्य निराशावादी अर्थ में खालीपन नहीं है, बल्कि वह शून्यता है जो द्वैत के भ्रम के समाप्त होने पर बचती है। यह पूर्ण शांति की अवस्था है क्योंकि यह अहंकार, इच्छा और आसक्ति से जुड़े सभी संघर्षों और तनावों से मुक्त है। यह मुक्ति की शांति है, जहाँ व्यक्ति शरीर या मन से पहचान करना बंद कर देता है और इसके बजाय स्वयं को ब्रह्मन् के साथ एक के रूप में पहचानता है।

शून्य का अनुभव कैसे करें?

हिंदू आध्यात्मिक प्रथाओं में, ध्यान शून्य का अनुभव करने और इसके माध्यम से शाश्वत शांति प्राप्त करने के लिए एक केंद्रीय विधि है। शून्य पर ध्यान, जिसमें अक्सर निदिध्यासन (चिंतन) और आत्म-निर्दर्शन (आत्म-विचार) जैसी प्रथाएँ शामिल होती हैं, अभ्यासकर्ता को भौतिक संसार की ध्यान भटकाने वाली चीजों और भ्रांतियों से परे जाने में मदद करती हैं। इसका उद्देश्य शून्य की अवस्था का अनुभव करना है — सभी मानसिक क्रियाओं की अनुपस्थिति, मन की स्थिरता, और सब कुछ के अस्तित्व की एकता का अनुभव करना।

ऐसी प्रथाओं के माध्यम से, अभ्यासकर्ता शांति का अनुभव करता है जो विचार, भावना, और शारीरिक संवेदनाओं से परे होती है। मन स्थिर हो जाता है, और व्यक्ति अस्तित्व की आनंदमयी अवस्था का अनुभव करता है। यह शाश्वत शांति की अवस्था है, जहाँ व्यक्ति अब सांसारिक जीवन के उतार-चढ़ावों से प्रभावित नहीं होता।

ध्यान में शून्य का अनुभव ब्रह्मन् का प्रत्यक्ष अनुभव कराता है, जो अंतिम शांति का सार है। इस अर्थ में, शून्य मन के लिए विश्राम की अवस्था है, जो सांसारिक अस्तित्व की निरंतर संघर्ष, झगड़ा और भ्रम से मुक्त हो चुका है। यह एक ऐसी शांति है जो विचारों से परे है, एक ऐसी शांति जिसे शब्दों के माध्यम से व्यक्त नहीं किया जा सकता, बल्कि इसे केवल वे लोग सीधे अनुभव कर सकते हैं जो ध्यान करते हैं और आध्यात्मिक अनुभव की ओर अग्रसर होते हैं।

शून्य शांति लाता है।

शून्य को अंतिम शांति की अवस्था के रूप में समझना नैतिक दृष्टिकोण से भी महत्वपूर्ण है। हिंदू धर्म में, ब्रह्मन् और शून्य की अद्वैतता का अनुभव करुणा, निर लगाव और सभी प्राणियों के साथ एकता की गहरी भावना को जन्म देता है। जब एक व्यक्ति यह समझ लेता है कि उनके और संसार के बीच कोई भेद नहीं है, तो वह सभी प्राणियों के प्रति संतुलन और शांति की भावना के साथ कार्य करता है।

यह समझ यह प्रोत्साहित करती है कि व्यक्ति संसार के साथ सामंजस्यपूर्ण तरीके से जीवन बिताए, क्योंकि वह यह पहचानता है कि सभी प्राणी उसी अंतिम वास्तविकता का हिस्सा हैं। इसलिए, शून्य का अनुभव न केवल व्यक्ति को शांति प्रदान करता है, बल्कि उसके आस-पास की दुनिया को भी शांति प्रदान करता है। यह नैतिक शांति इस समझ से उत्पन्न होती है कि किसी अन्य प्राणी को हानि पहुँचाना दरअसल स्वयं को हानि पहुँचाना है, क्योंकि सभी प्राणी उसी ब्रह्मन् के रूप में प्रकट होते हैं।

इसके अलावा, शून्य की पहचान इच्छाओं, आसक्तियों और भय को समाप्त करके आंतरिक शांति की ओर ले जाती है। हिंदू दर्शन में इच्छाओं को दुख का मूल कारण माना गया है, और शून्य को अंतिम सत्य के रूप में पहचानने से इच्छाओं

का नाश होता है। इच्छाओं के बिना, मन संघर्ष और उत्तेजना से मुक्त हो जाता है, जिससे अभ्यासकर्ता शाश्वत शांति का अनुभव कर पाता है।

जबकि शून्य गहरी शांति की अवस्था का प्रतीक है, हिंदू विचार अक्सर एक कदम आगे बढ़ता है। शून्य का सबसे शुद्ध रूप में अनुभव आनंद की प्राप्ति की ओर ले जाता है — आनंद, जो केवल दुःख की अनुपस्थिति के रूप में शांति नहीं है, बल्कि एक सक्रिय और शाश्वत आनंद है जो अपने असली स्वरूप को ब्रह्मन् के रूप में पहचानने के साथ आता है। इस प्रकार, शून्य, जब पूरी तरह से समझा जाता है, तो यह एक खाली शून्यता नहीं है, बल्कि शुद्ध चेतना के आनंद से भरी हुई एक अवस्था है, जो अंतिम शांति है।

शून्य हिंदू आध्यात्मिक विचार में शाश्वत शांति की प्राप्ति में एक महत्वपूर्ण भूमिका निभाता है। यह अद्वैतता का अनुभव और अलगाव के सभी भ्रमों का नाश है, जो आंतरिक शांति और मुक्ति की ओर ले जाता है, जिसे आध्यात्मिक साधक प्राप्त करना चाहते हैं। शून्य ब्रह्मन् का शुद्ध सार है — वह अंतिम वास्तविकता जो द्वैत और भौतिक संसार के संघर्षों से परे है। जब कोई शून्य पर ध्यान करता है, तो वह अहंकार की सीमाओं से परे हो जाता है और आत्म-निर्दर्शन के आनंद का अनुभव करता है, जो मुक्ति की शांति है।

* * * * *

अध्याय 7

माया

दैवी ह्येषा गुणमयी मम माया दुरत्यया |
मामेव ये प्रपद्यन्ते मायामेतां तरन्ति ते || 14||

भगवद गीता 7.14:

"मेरी दिव्य ऊर्जा 'माया', जो प्रकृति के तीन गुणों से बनी है, को पार करना अत्यंत कठिन है। लेकिन जो लोग मुझमें शरण लेते हैं, वे इसे आसानी से पार कर लेते हैं।"

जीवं कल्पयते पूर्वं वचो भावान्पृथग्विधान् ।
बाह्यानाध्यात्मिकांश्चैव यथाविद्यस्तथास्मृतिः ॥ १६ ॥

अनिश्चिता यथा रज्जुरन्धकारे विकल्पिता ।
सर्पधारादिभिर्भावैस्तद्वदात्मा विकल्पितः ॥ १७ ॥

निश्चितायां यथा रज्ज्वां विकल्पो विनिवर्तते ।
रज्जुरेवेति चाद्वैतं तद्वदात्मविनिश्चयः ॥ १८ ॥

प्राणादिभिरनन्तैश्च भावैरेतैर्विकल्पितः ।
मायैषा तस्य देवस्य यया संमोहितः स्वयम् ॥ १९ ॥

1. सबसे पहले जीव (शरीरधारी प्राणी) की कल्पना की जाती है और फिर विभिन्न वस्तुओं, विषयात्मक और उद्देश्यात्मक, की कल्पना की जाती है जो अनुभव की जाती हैं। जैसा (किसी का) ज्ञान होता है, वैसी ही उसकी स्मृति होती है।

2. जैसे अंधकार में अज्ञात प्रकृति वाली रस्सी को साँप, जल-रेखा आदि के रूप में कल्पित किया जाता है, वैसे ही आत्मा की भी (विभिन्न रूपों में) कल्पना की जाती है।
3. जब रस्सी का वास्तविक स्वरूप ज्ञात हो जाता है, तो उससे संबंधित सभी भ्रांतियाँ समाप्त हो जाती हैं और यह दृढ़ विश्वास होता है कि यह केवल एक (अपरिवर्तित) रस्सी है और कुछ नहीं; ठीक यही आत्मा के बारे में दृढ़ विश्वास का स्वरूप है।
4. आत्मा को प्राण और अन्य अनंत वस्तुओं के रूप में कल्पित किया जाता है। यह आत्मा के तेजस्वी (स्वरूप) के अज्ञान (माया) के कारण होता है, जिससे यह (मानो) मोहित हो जाती है।

कल्पना करें कि आप एक जादू के शो में हैं। जादूगर टोपी से एक खरगोश निकालता है, एक व्यक्ति को आधे में काटता है, और एक बाघ को गायब कर देता है। आपको पता है कि यह सब सिर्फ चालें हैं, लेकिन एक पल के लिए आप इतने मंत्रमुग्ध हो जाते हैं कि आप भूल जाते हैं कि यह सब वास्तविक नहीं है। माया उसी जादूगर की तरह है, लेकिन खरगोश और टोपी के बजाय, यह द्वैत का भ्रम पैदा

करती है—आपको यह सोचने पर मजबूर करती है कि आप एक सीमित, अलग व्यक्ति हैं, न कि अनंत ब्रह्मन्।

माया का एक ही काम है: अवास्तविक को वास्तविक दिखाना। यह उस प्रतिभाशाली विज्ञापन एजेंसी की तरह है जो आपको यकीन दिला देती है कि आपको ऐसी चीज़ की ज़रूरत है, जिसकी वास्तव में कोई ज़रूरत नहीं। यह आपको सोचने पर मजबूर कर देती है, "मैं तब खुश हो जाऊँगा जब मुझे वह प्रमोशन/कार/जूते मिल जाएंगे।" लेकिन सच्चाई यह है: आप खुश नहीं होंगे।

इस बीच, ब्रह्मन्—वह अनंत आनंद जिसकी आप वास्तव में तलाश कर रहे हैं—कह रहा है, "अरे, सुन रहे हो? मैं तो पहले से ही यहाँ हूँ!" माया आपको चमक-धमक वाली चीज़ों (यश, धन, संबंध) में उलझाए रखती है, जबकि सच्चाई यह है कि आप पहले से ही पूर्ण हैं।

माया के पास सच्चाई को छिपाने की क्षमता है। यह ऐसा है जैसे किसी दीये पर कंबल डाल दिया जाए और फिर शिकायत की जाए, "यहाँ इतना अंधेरा क्यों है?" माया के पास भ्रम उत्पन्न करने की कला भी है। यह ऐसा है जैसे अंधेरे में रस्सी को देखकर चिल्लाना, "साँप!" माया को नाटक बहुत पसंद है, और आप इसके पसंदीदा धारावाहिक के मुख्य किरदार हैं।

माया उस दोस्त की तरह है जो हमेशा पार्टी में नाश्ता लेकर आता है। आप जानते हैं कि वह कुछ गड़बड़ करने वाला है, लेकिन आप मना नहीं कर पाते। माया हमारी इंद्रियों, भावनाओं और अहंकार के साथ खेलती है, जिससे हमें यह यकीन हो जाता है, "मैं यह शरीर हूँ। मैं यह मन हूँ। मैं अपनी नौकरी का पद हूँ।"

इस बीच, ब्रह्मन् अपना सिर पकड़कर कह रहा है, "तुम अनंत हो। अपनी पहचान अपने लिंकडइन प्रोफाइल से मत जोड़ो!"

माया को पार करना इसका मतलब उससे लड़ना नहीं है—यह उसके भ्रम को देख पाने की क्षमता है। यह ऐसा है जैसे यह समझना कि आप सपने के किरदार नहीं हैं—आप स्वप्नद्रष्टा हैं। माया ध्यान भटकाने पर फलती-फूलती है। ध्यान आपको मन को शांत करने और मूल सत्य को झलकने में मदद करता है।

यह ऐसा है जैसे किसी वेबसाइट के चमकदार विज्ञापनों को बंद करके वास्तविक सामग्री पर ध्यान केंद्रित करना: आप ब्रह्मन् हैं।

प्रत्याहार का अभ्यास करें और जीवन को एक ब्रह्मांडीय नाटक के रूप में देखें।

बुरा दिन? माया।

अच्छा दिन? वह भी माया।

जब आप नाटक के साथ अपनी पहचान बनाना छोड़ देते हैं, तो आप इसे पार कर लेते हैं। आप उस अभिनेता की तरह होते हैं जो भूमिका का आनंद लेता है लेकिन जानता है कि यह असली नहीं है। माया अपने काम में इतनी कुशल है कि यहाँ तक कि ब्रह्मन् (आप!) भी भूल जाता है कि वह ब्रह्मन् है।

यह ऐसा है जैसे एक अरबपति अपने मोनोपोली खेल में इतना खो जाए कि नकली किराए की चिंता करने लगे। जिस पल आपको एहसास होता है कि यह सब एक खेल है, आप हंसते हैं, पासे रख देते हैं, और कहते हैं, "ओह, सही। मैं अनंत हूँ।"

माया ब्रह्मांड की सबसे महान जादूगर है, जो अलगाव, नाटक और द्वैत का एक भव्य भ्रम पैदा करती है। इसे पार करना इसका नाश करना नहीं है, बल्कि उसके जादू को समझना और मुस्कुराते हुए उसे जान लेना है।

जिस पल आप माया के पार देख लेते हैं, ब्रह्मांड आपको एक ब्रह्मांडीय इशारा करता है और कहता है, "बधाई हो! आपने इसे समझ लिया। अब शो का आनंद लो, लेकिन याद रखना—यह सब सिर्फ मज़े के लिए है।"

माया क्या है और इसका ब्रह्मन् और ईश्वर से क्या संबंध है?

माया हिंदू धर्म, विशेष रूप से अद्वैत दर्शन में, समझने के लिए सबसे कठिन विषयों में से एक है। यही कारण हो सकता है कि मोक्ष प्राप्ति लगभग असंभव लगती है। आशा है कि निम्नलिखित पाठ इसे आपके मन में पूरी तरह स्पष्ट कर देगा और आपको मोक्ष (मुक्ति) की राह पर तेजी से ले जाएगा।

अद्वैत वेदांत, जिसे आदि शंकराचार्य ने प्रतिपादित किया, इस तथ्य को प्रस्तुत करता है कि ब्रह्मन् ही एकमात्र सत्य है—अनंत, निराकार और अपरिवर्तनीय। माया वह सिद्धांत है जो इस परम सत्य पर पर्दा डालती है, जिससे एक द्वैतपूर्ण, क्षणभंगुर संसार की उपस्थिति होती है।

हालाँकि माया को अक्सर भ्रम के रूप में वर्णित किया जाता है, इसे अधिक सटीक रूप से एक निर्भर वास्तविकता (न तो पूरी तरह से सत्य (सत) और न ही पूरी तरह से असत्य (असत)) के रूप में समझा जा सकता है। माया एक गहन और सूक्ष्म सिद्धांत है, जो वास्तविकता के स्वभाव और मानव अनुभव को समझाने का प्रयास करता है। माया केवल एक त्रुटि या भ्रांति नहीं है, बल्कि एक जटिल और गतिशील सिद्धांत है, जो प्रपंचमय संसार की अभिव्यक्ति के लिए उत्तरदायी है।

अद्वैत वेदांत में, इंद्रियों के माध्यम से अनुभव किए जाने वाले संसार को मिथ्या के रूप में वर्गीकृत किया गया है—एक निर्भर वास्तविकता, जो केवल ब्रह्मन् के संदर्भ में ही अस्तित्व रखती है। माया वह शक्ति है जो नाम और रूप (नाम-रूप) के इस संसार को प्रक्षेपित करती है, जिससे अलगाव और बहुलता का भ्रम उत्पन्न होता है।

एक पूर्ण भ्रम के विपरीत, माया में व्यावहारिक सत्यता होती है; संसार अपने क्षेत्र के भीतर कारण और प्रभाव के नियमों द्वारा शासित होते हुए संगठित रूप से कार्य करता है।

अविद्या, या अज्ञान, माया का वह व्यक्तिगत पहलू है जो आत्मा के ब्रह्मन् स्वरूप को आच्छादित करता है। अविद्या के दृष्टिकोण से ही आत्मा स्वयं को शरीर, मन और अहंकार के साथ जोड़कर देखती है, जिससे जन्म और मृत्यु के चक्र (संसार) को बनाए रखा जाता है। अविद्या को पार करना माया से ऊपर उठने और अस्तित्व के अद्वैत स्वरूप का अनुभव करने की कुंजी है।

माया को "भ्रम" के रूप में वर्णित करना अक्सर गलतफहमियों को जन्म देता है, जिससे इसे एक सरल अवधारणा तक सीमित कर दिया जाता है। लेकिन अद्वैत वेदांत में माया एक परिष्कृत दार्शनिक सिद्धांत है, जिसके गहरे निहितार्थ हैं। माया ब्रह्मांड की अभिव्यक्ति और व्यक्तित्व के अनुभव को संभव बनाती है।

व्यवहारिक क्षेत्र में, माया क्रियात्मक रूप से वास्तविक है, जो प्रकृति के नियमों, धारणा और परस्पर क्रिया के ढांचे को प्रदान करती है। उदाहरण के लिए, भौतिक जगत, जो कि अंततः ब्रह्मन् पर निर्भर है, दैनिक जीवन में वास्तविक रूप में अनुभव किया जाता है और आध्यात्मिक विकास के लिए मंच का कार्य करता है। माया स्वतंत्र रूप से अस्तित्व में नहीं है, बल्कि इसका अस्तित्व ब्रह्मन् से प्राप्त होता है।

शंकराचार्य रस्सी और साँप की उपमा का उपयोग करते हैं: मंद प्रकाश में रस्सी साँप के रूप में प्रतीत हो सकती है। साँप एक पूर्ण अर्थ में वास्तविक नहीं है, लेकिन यह एक त्रुटिपूर्ण धारणा के रूप में एक निर्भर वास्तविकता रखता है। इसी प्रकार, माया द्वारा संसार की प्रक्षेपणा का आधार ब्रह्मन् में है, जो इसे न तो पूरी तरह से वास्तविक बनाता है और न ही पूरी तरह से अवास्तविक।

माया ब्रह्मन् की अभिव्यक्ति का एक साधन है। माया को अक्सर ब्रह्मन् की सृजनात्मक शक्ति के रूप में वर्णित किया जाता है। माया के माध्यम से ही ब्रह्मन् ईश्वर, व्यक्तिगत देवता, और ब्रह्मांड के रूप में प्रकट होता है। यह दृष्टिकोण माया और ब्रह्मन् की अभिन्नता को रेखांकित करता है, यह पुष्टि करते हुए कि माया सृजन की दिव्य लीला का एक आवश्यक पहलू है।

माया की जटिलताओं को समझना मुक्ति के मार्ग की ओर ले जा सकता है। माया केवल एक बाधा नहीं है, बल्कि आत्म-साक्षात्कार का एक साधन भी है। माया द्वारा प्रदान किए गए अनुभवों के माध्यम से व्यक्ति को सत्य (ब्रह्मन्) और असत्य (माया) के बीच अंतर करने का अवसर मिलता है।

अद्वैत वेदांत की शिक्षाएँ और आत्म-चिंतन (आत्म-विचार) तथा ध्यान जैसी प्रथाएँ साधकों को माया से ऊपर उठने और ब्रह्मन् के साथ अपनी पहचान का अनुभव करने में सक्षम बनाती हैं।

माया और ब्रह्मन् के बीच का संबंध गहरा और विरोधाभासी है। ब्रह्मन् वह आधार है, वह परम सत्य है जिस पर माया कार्य करती है। माया ब्रह्मन् पर निर्भर है, फिर भी ब्रह्मन् माया से अप्रभावित रहता है।

ब्रह्मन् को "सत्-चित्-आनन्द" (अस्तित्व, चेतना, आनंद) के रूप में वर्णित किया गया है, जो शाश्वत और अनंत वास्तविकता है। माया ब्रह्मन् पर बहुलता के संसार को

आरोपित करती है, जैसे किसी पर्दे पर फिल्म प्रक्षिप्त होती है। जबकि फिल्म दर्शक को वास्तविक प्रतीत हो सकती है, पर्दा स्वयं अपरिवर्तित और अप्रभावित रहता है।

जब ब्रह्मन् को माया के साथ जोड़ा जाता है, तो इसे ईश्वर के रूप में जाना जाता है, जो सृष्टि का संचालन करने वाला व्यक्तिगत देवता है। ईश्वर माया का उपयोग अभिव्यक्ति के साधन के रूप में करता है और ब्रह्मांड के सृजन और पालन-पोषण के पहलुओं को मूर्त रूप देता है।

यह भेद अद्वैत वेदांत को अपने अद्वैत सिद्धांत के भीतर एक व्यक्तिगत देवता के अस्तित्व को समझाने की अनुमति देता है। ईश्वर माया के माध्यम से प्रकट ब्रह्मन् के सृजनात्मक और संचालनात्मक पहलुओं का प्रतिनिधित्व करता है। हालाँकि, ईश्वर मूल रूप से जीव (व्यक्तिगत आत्मा) से भिन्न है, जो अविद्या या अज्ञान से बंधा हुआ है।

ईश्वर माया का उपयोग ब्रह्मांड की अभिव्यक्ति के लिए करता है, जिससे एक संगठित और संरचित ब्रह्मांड का निर्माण होता है। यह सृजनात्मक कार्य मनमाना नहीं है, बल्कि उन कर्म सिद्धांतों का पालन करता है जो जीवों की व्यक्तिगत और सामूहिक नियति को संचालित करते हैं। ईश्वर द्वारा माया का उपयोग यह दर्शाता है कि यह ब्रह्मांडीय व्यवस्था और नैतिक न्याय के साधन के रूप में कार्य करती है।

जीव, जो माया से भ्रमित होता है, के विपरीत, ईश्वर माया का स्वामी है। ईश्वर का ज्ञान पूर्ण और माया की आवरण शक्ति से अप्रभावित है। जहाँ जीव अज्ञान के कारण संसार को वास्तविक मानता है, वहीं ईश्वर इसे ब्रह्मन् को आधार मानकर एक प्रक्षेपण के रूप में देखता है।

ईश्वर माया के माध्यम से न केवल ब्रह्मांड की रचना (सृष्टि) करता है, बल्कि इसे स्थिर (स्थिति) रखता है और चक्रों के अनुसार इसका विलय (लय) भी करता है। ये प्रक्रियाएँ सुनिश्चित करती हैं कि ब्रह्मांड समरसता में कार्य करे और आध्यात्मिक विकास के अंतिम उद्देश्य के अनुरूप हो।

साधकों के लिए, ईश्वर व्यवहारिक संसार और परम सत्य के बीच एक सेतु के रूप में कार्य करता है। ईश्वर के प्रति भक्ति (भक्ति योग) आत्म-शुद्धि की ओर ले जाती है और मन को अद्वैत (अद्वैत) के अनुभव के लिए तैयार करती है।

उदाहरण के लिए, एक बीज के पेड़ में परिवर्तित होने की प्रक्रिया को देखें। प्रकृति के क्रमबद्ध नियम—जैसे ऋतुओं का चक्र, मिट्टी और पानी की पोषणकारी भूमिका—ईश्वर की माया के माध्यम से शासन का प्रकट रूप हैं।

उसी प्रकार, जैसे कोई व्यक्ति मृगतृष्णा को पानी समझ सकता है, लेकिन ईश्वर मृगतृष्णा के वास्तविक स्वरूप और उसकी भ्रमात्मक प्रकृति को जानता है।

एक और उदाहरण ब्रह्मांडीय चक्रों की लय है, जैसे दिन और रात या तारों की सृष्टि और लय (विलय)। इन चक्रों का संचालन ईश्वर द्वारा किया जाता है, जो ब्रह्मांड में सामंजस्य और संतुलन सुनिश्चित करता है।

ईश्वर के प्रति भक्ति को एक नदी पार करने वाली नौका के समान माना जा सकता है; नदी माया का प्रतिनिधित्व करती है, और नौका—जो ईश्वर की शक्ति से संचालित होती है—साधक को ब्रह्मन् के अनुभव की ओर ले जाती है।

जहाँ ब्रह्मन् माया से परे है, वहीं यह माया में व्याप्त भी है। उदाहरण के लिए, जैसे सोना स्वर्ण आभूषण में व्याप्त होता है, वैसे ही ब्रह्मन् माया के माध्यम से प्रकट ब्रह्मांड में व्याप्त है। यह अद्वैत समझ यह पुष्टि करती है कि संसार, जो माया का प्रक्षेपण है, ब्रह्मन् से अलग नहीं है। इस एकता का अनुभव करने से द्वैत का भ्रम समाप्त हो जाता है और आत्मा का ब्रह्मन् के समान स्वरूप प्रकट होता है।

माया की आवश्यकता क्यों है?

अद्वैत वेदांत में माया एक महत्वपूर्ण भूमिका निभाती है, क्योंकि यह ब्रह्मांड की अभिव्यक्ति और उसके व्यक्तिगत अनुभव के लिए आधार प्रदान करती है। माया के बिना सृष्टि, अस्तित्व, और मुक्ति का गतिशील समन्वय संभव नहीं हो पाता। यहाँ माया को आवश्यक मानने के कारण दिए गए हैं:

माया ब्रह्मन् की अनंत संभावनाओं को ब्रह्मांड के रूप में प्रकट होने की अनुमति देती है। जैसे एक चित्रकार को अपनी रचनात्मकता व्यक्त करने के लिए कैनवास की आवश्यकता होती है, वैसे ही ब्रह्मन् माया का उपयोग अपनी अंतर्निहित शक्ति (शक्ति) को प्रकट करने और प्रपंचमय संसार की विविधता

को सामने लाने के लिए करता है। इस अभिव्यक्ति के माध्यम से निराकार ब्रह्मन् व्यवहारिक क्षेत्र में जीवों के लिए सुलभ हो जाता है।

माया उन द्वैतों और चुनौतियों का निर्माण करती है जो आध्यात्मिक विकास को प्रेरित करती हैं। माया के संसार के साथ संलग्न होकर व्यक्ति आनंद, दुःख और अर्थ की खोज का अनुभव करता है, जो अंततः उसे ब्रह्मन् के सत्य की ओर ले जाता है। माया के बिना आत्मा के विकास और मुक्ति का कोई मार्ग नहीं होता।

माया द्वारा रचित संसार धर्म (धार्मिक कर्म) का पालन करने के लिए एक मंच के रूप में कार्य करता है। संबंधों, जिम्मेदारियों और नैतिक निर्णयों के माध्यम से व्यक्ति करुणा, निस्वार्थता और ज्ञान जैसी गुणों का विकास करता है, जो माया को पार करने और ब्रह्मन् का अनुभव करने के लिए आवश्यक हैं।

माया सृष्टि की दिव्य लीला को संभव बनाती है, जहाँ ब्रह्मन् अपने आप को अनगिनत रूपों में अनुभव करता है। यह ब्रह्मांडीय लीला अस्तित्व को विविधता और गतिशीलता प्रदान करती है, जिससे ब्रह्मन् के सार का एक जीवंत और अर्थपूर्ण अभिव्यक्ति बनती है।

माया एक सापेक्ष वास्तविकता (व्यवहारिक) प्रदान करती है, जो साधकों को परम वास्तविकता (पारमार्थिक) को समझने में सहायता करती है। संसार की क्षणभंगुर प्रकृति पर चिंतन करके, व्यक्ति ब्रह्मन् की शाश्वत और अपरिवर्तनीय वास्तविकता की खोज की ओर प्रेरित होता है।

माया विविधता की अनुभूति को संभव बनाती है, जबकि ब्रह्मन् की अंतर्निहित एकता को बनाए रखती है। यह द्वैतपूर्ण पहलू अस्तित्व के अनुभव को समृद्ध करता है, जिसमें व्यक्तिगतता भी होती है और एकत्व को पहचानने का अवसर भी।

माया से मुक्ति कैसे प्राप्त करें?

अद्वैत वेदांत में परम लक्ष्य माया को पार करना और ब्रह्मन् का साक्षात्कार करना है। यह मुक्ति (मोक्ष) आत्म-ज्ञान (ज्ञान) और अज्ञान (अविद्या) के विलय के माध्यम से प्राप्त होती है। ज्ञान योग विवेक (वास्तविकता की पहचान) और वैराग्य (आसक्ति का त्याग) पर जोर देता है, जो सत्य (ब्रह्मन्) और असत्य (माया) के बीच अंतर करने

में सहायक होता है। उपनिषदों के महावाक्य, जैसे "तत्त्वमसि" (तू वही है), साधक को इस साक्षात्कार की ओर मार्गदर्शन करते हैं।

ध्यान (ध्यान) और आत्म-विचार (आत्म-चिंतन) माया को पार करने के लिए आवश्यक अभ्यास हैं। भीतर की ओर मुड़कर और आत्मा के स्वभाव पर प्रश्न उठाकर साधक माया द्वारा बनाई गई भेदभावों को समाप्त करता है, जो अंततः ब्रह्मन् के साक्षात्कार में समाप्त होता है।

आत्म-विचार के माध्यम से साधक "मैं कौन हूँ?" जैसे प्रश्न पूछता है और शरीर और मन जैसी क्षणिक पहचानों को नकारते हुए ब्रह्मन् की शुद्ध चेतना का अनुभव करता है। उदाहरण के लिए, बार-बार "मैं कौन हूँ?" पूछने और सभी अस्थायी पहचानों को अस्वीकार करने से साधक ब्रह्मन् की शुद्ध चेतना तक पहुँचता है।

मुक्ति में माया के क्षणभंगुर और अस्थायी पहलुओं से वैराग्य (विरक्ति) का विकास करना शामिल है। इसका अर्थ है इच्छाओं, भय और आसक्तियों का त्याग करना, जो व्यक्ति को व्यवहारिक संसार से बांधते हैं। उदाहरण के लिए,

यह समझना कि धन, प्रतिष्ठा और संबंध अस्थायी हैं, साधक को ब्रह्मन् की शाश्वत वास्तविकता पर ध्यान केंद्रित करने की अनुमति देता है।

मुक्ति की प्राप्ति के मार्ग में धर्मपूर्ण (धार्मिक) जीवन जीना अत्यंत महत्वपूर्ण है। निःस्वार्थ भाव से और परिणामों के प्रति आसक्ति रहित होकर कर्म करना (कर्म योग) मन को शुद्ध करता है और अहंकार तथा अज्ञान के प्रभाव को कम करता है। एक शुद्ध मन वेदांत की शिक्षाओं और ब्रह्मन् के साक्षात्कार के लिए अधिक ग्रहणशील बनता है।

माया को पार करने में ईश्वर की कृपा एक महत्वपूर्ण भूमिका निभाती है। ईश्वर के प्रति भक्ति, विनम्रता और समर्पण को बढ़ावा देती है, जिससे साधक की इच्छाएँ दिव्य इच्छा के साथ समरस होती हैं। यह भक्ति प्रार्थना, अनुष्ठान या ईश्वर के गुणों पर मनन जैसे रूप ले सकती है। माया के स्वामी के रूप में ईश्वर साधक को उसकी आवरण शक्ति से परे मार्गदर्शन करने में सहायता करता है।

इन सभी साधनों का चरम बिंदु निर्विकल्प समाधि की अवस्था है, जो ब्रह्मन् में पूर्ण लीनता की स्थिति है, जहाँ माया द्वारा उत्पन्न सभी भेदभाव समाप्त हो जाते हैं। इस अवस्था में साधक अद्वैत वास्तविकता का प्रत्यक्ष अनुभव करता है, विषय और वस्तु, आत्मा और अन्य, और अस्तित्व और अनस्तित्व के द्वैत से परे चला जाता है। मुक्ति मात्र बौद्धिक समझ नहीं है, बल्कि अद्वैत सत्य में गहरी अनुभूति और स्थिरता है।

ब्रह्मन् का साक्षात्कार करने के बाद, मुक्त जीव (जीवनमुक्त) संसार में जीवन यापन करता है, लेकिन माया से असक्त और अप्रभावित रहता है। वह इसे ब्रह्मन् के आधार पर नाम और रूप के खेल के रूप में देखता है।

माया स्वाभाविक रूप से मुक्ति के विरुद्ध नहीं है; बल्कि यह वह अनुभवात्मक क्षेत्र प्रदान करती है जिसके माध्यम से साधक आत्म-साक्षात्कार का अनुसरण कर सकता है। माया को समझकर और उसे पार करके, व्यक्ति यह पहचानता है कि यह आध्यात्मिक विकास के एक साधन के रूप में कार्य करती है।

अद्वैत वेदांत में माया को एक गहन और अनिवार्य सिद्धांत के रूप में समझा जाता है, जो प्रपंचमय संसार के स्वभाव और ब्रह्मन् के साथ उसके संबंध की

व्याख्या करता है। यह "सिर्फ एक भ्रम" नहीं है, बल्कि माया वह गतिशील सिद्धांत है जो सृष्टि को संभव बनाती है, व्यवहारिक वास्तविकता को बनाए रखती है, और आध्यात्मिक विकास के लिए आधार प्रदान करती है।

ईश्वर के साथ माया के जटिल संबंध सभी अस्तित्व की एकता और आत्म-ज्ञान के माध्यम से मुक्ति की संभावना को रेखांकित करते हैं। माया को पार करके व्यक्ति अंतिम साक्षात्कार प्राप्त करता है: आत्मा ही ब्रह्मन् है, शाश्वत और अनंत वास्तविकता।

* * * * *

अध्याय 8

व्यवहार

अहं स शुक्तिसङ्काशो रूप्यवद् विश्वकल्पना ।

इति ज्ञानं तथैतस्य न त्यागो न ग्रहो लयः ॥ ६-३॥

मैं सीपी के समान हूँ, और कल्पित संसार चाँदी के समान है। इसे जानना ही ज्ञान है, और फिर न तो इसका त्याग होता है, न स्वीकार और न ही इसका निरसन।

– अष्टावक्र गीता 6.3

न त्वं विप्रादिको वर्णो नाश्रमी नाक्षगोचरः ।

असङ्गोऽसि निराकारो विश्वसाक्षी सुखी भव ॥ ५ ॥

आप ब्राह्मण या किसी अन्य जाति से संबंधित नहीं हैं, आप किसी भी अवस्था में नहीं हैं, न ही आप कुछ ऐसे हैं जिसे आँखें देख सकती हैं। आप असंग और निराकार हैं, सब कुछ के साक्षी हैं - इसलिए खुश रहें।

– अष्टावक्र गीता 1.5

मानव जीवन चक्र: माया की सबसे बड़ी प्रस्तुतियाँ

कल्पना करें कि आपको एक ब्रह्मांडीय टीवी शो में कास्ट किया गया है जिसका नाम है "जैसे-जैसे दुनिया घूमती है"—माया द्वारा निर्मित, निर्देशित और लिखा गया। शो कुछ इस तरह चलता है:

जन्म: पार्टी में स्वागत है!

आप दुनिया में आते हैं चीखते हुए, "यह जगह क्या है?!" जबकि बाकी लोग खुशी से तालियाँ बजा रहे हैं जैसे यह कोई भव्य प्रीमियर हो।

माया आपके कान में फुसफुसाती है: "यहाँ तुम्हारी पटकथा है। तुम्हारा किरदार? असहाय बच्चा। तुम्हारी सुपरपावर? समय पर रोने की कला!"

माता-पिता आपके प्रति ऐसे जुनून दिखाते हैं जैसे आप किसी ब्लॉकबस्टर के मुख्य किरदार हों। उन्हें यह नहीं पता कि वे आपके ब्रह्मांडीय कहानी में सिर्फ सहायक पात्र हैं।

बचपन: प्रशिक्षण की यात्रा

माया नियमों की अंतहीन सूची तैयार करती है: "इसे मत छूओ। इसे मत खाओ। वहाँ मत दौड़ो।"

स्कूल शुरू होता है, और अचानक आप गणित, इतिहास और व्याकरण को ऐसे रटने लगते हैं जैसे आपकी शाश्वत खुशी इसी पर निर्भर करती हो। (राज़ की बात: ऐसा नहीं है।)

इस बीच, माया पीछे से हँसती है और कहती है, "इन्हें लगता है कि ये दुनिया के बारे में सीख रहे हैं, लेकिन वास्तव में ये मेरे नाटक की पंक्तियाँ याद कर रहे हैं।"

वयस्कता: माया का कॉमेडी शो

अब आप "मुझे सफल होना है" वाले चरण में हैं।

माया आपको एक चेकलिस्ट थमाती है:

- नौकरी पाओ।
- घर खरीदो।
- किसी अच्छे इंसान से शादी करो।
- टैक्स की चिंता करो।

आप इतने व्यस्त हैं ये सब टिक करने में कि आपको माया दिखती भी नहीं, जो वहीं खड़ी पॉपकॉर्न खा रही है और कह रही है, "अरे, देखो कैसे ये उन चीज़ों के लिए भाग-दौड़ कर रहे हैं जो इनके पास पहले से ही हैं! ये अनंत हैं, लेकिन अपने वाई-फाई बिल की चिंता कर रहे हैं।"

मध्य आयु संकट: कहानी का मोड़

एक दिन आप जागते हैं, आईने में देखते हैं, और सोचते हैं, "रुको ज़रा... यह सब करने का मतलब क्या है?"

माया, जो हमेशा मनोरंजन में माहिर है, कुछ अस्तित्ववादी सवाल फेंकती है:

- "मैंने क्या हासिल किया है?"
- "क्या मैं सच में खुश हूँ?"
- "मैंने वो ट्रेडमिल क्यों खरीदा अगर मैं इसका इस्तेमाल नहीं करने वाला?"

यह माया का तरीका है कहानी को थोड़ा मसालेदार बनाए रखने का।

बुढ़ापा: ज्ञान का दौर

आप जीवन की रफ्तार धीमी कर देते हैं और सोच-विचार में डूब जाते हैं। माया फिर से प्रवेश करती है, इस बार एक वॉकर और चालाक मुस्कान के साथ, कहती है:

"थोड़ा नॉस्टेल्जिया (अतीत की सुखद स्मृतियों) हो जाए? याद है जब तुम युवा थे और सोचते थे कि सब कुछ समझ लोगे? कितना प्यारा था, है ना?"

आप चीज़ों को छोड़ना शुरू कर देते हैं—क्योंकि माया यह सुनिश्चित कर देती है कि आप कुछ भी अपने साथ नहीं ले जा सकते।

इस समय, आप या तो पूरे नाटक पर हंस रहे होते हैं या कह रहे होते हैं, "माया, तुम चालाक प्रतिभा हो।"

मृत्यु: सीरीज़ का फाइनल

क्रेडिट रोल होने लगते हैं। माया अपना मुखौटा उतारती है और प्रकट करती है... वह तो शुरू से आप ही थे!

आप उस भव्य भ्रम को पीछे मुड़कर देखते हैं और सोचते हैं, "वाह, क्या शानदार शो था। इसे लिखा किसने?"

और फिर आपको याद आता है: अरे हाँ, मैंने लिखा था!

(क्योंकि आप ब्रह्मन् हैं, है ना।)

माया आपको "छोटी-छोटी बातों" में इतना व्यस्त रखती है—बिल चुकाना, परफेक्ट सेल्फी एंगल ढूंढना, यह सोचना कि आपका पड़ोसी क्या सोचता है—

कि आप "बड़ी बातों" को भूल जाते हैं:

आप शाश्वत हैं।

आप अनंत हैं।

आप पूरा ब्रह्मांड हैं, जो बस एक वेशभूषा में खेल रहा है।

माया ऐसा क्यों करती है?

क्योंकि ब्रह्मण को अनंत, शांतिपूर्ण और निराकार बने रहने से बोरियत होने लगी। इसलिए उसने माया को बनाया, ताकि नाटक, कॉमेडी, और कभी-कभी अस्तित्व के संकट के साथ जीवन को रोचक बनाया जा सके।

यह एक वीडियो गेम की तरह है—आप जानते हैं कि यह असली नहीं है, लेकिन फिर भी आप इसमें डूब जाते हैं। माया का काम है आपको यह भुला देना कि यह एक खेल है, ताकि आप ऊंचाई, गहराई, और इनके बीच की हर चीज़ का अनुभव कर सकें।

इस संदर्भ में, रीति-रिवाजों और परंपराओं की बात करना भी ज़रूरी है। माया को कल्पना करें जैसे कि वह एक परफेक्ट इवेंट प्लानर हो, जो भव्य पार्टियों का आयोजन करती है, जिनमें अंतहीन रीति-रिवाजों की सूची होती है।

जन्म से लेकर मृत्यु तक, हर पड़ाव के साथ अपने निर्देश आते हैं: "दीपक को इस तरह जलाओ, इस मंत्र का 108 बार जाप करो, और हां, हल्दी का लेप लगाना मत भूलना!"

माया यह सुनिश्चित करती है कि आप इन नियमों का पालन करने में इतने व्यस्त हो जाएं कि सोचने का समय ही न मिले, "रुको, मैं ये सब क्यों कर रहा हूं?" यह ऐसे ही है जैसे किसी खजाने की खोज में हों, लेकिन नक्शा आपको घुमाकर वहीं ले आता है। इस बीच, ब्रह्मण, जो खुद खजाना है, आपके भीतर शांत बैठा चाय पी रहा है और इस पूरे नाटक पर मुस्कुरा रहा है।

रीति-रिवाज सबसे आकर्षक विज्ञापन के साथ आते हैं। ये सब कुछ देने का वादा करते हैं: समृद्धि, अच्छा स्वास्थ्य, आनंदमय परलोक—आध्यात्मिक स्तर पर यह "खरीदो एक, पाओ एक मुफ्त" जैसा है।

लेकिन यहाँ पेंच है: अद्वैत वेदांत के दृष्टिकोण से, आप पहले से ही ब्रह्मण के रूप में अनंत और पूर्ण हैं। तो, कुछ "प्राप्त" करने के लिए रीतियों को निभाना ऐसा है जैसे मोनोपॉली के नकली पैसे से हवा खरीदने की कोशिश करना। ब्रह्मण को आपकी भेंट या जटिल मंत्रों की ज़रूरत नहीं है। वह शायद वहाँ बैठा सोच रहा है, "एक नारियल और कुछ फूल? प्यारा है। लेकिन मुझे समझने के लिए तुम्हें इनकी ज़रूरत नहीं है।"

माया को थोड़ा नाटक बहुत पसंद है, और रीति-रिवाज इसके लिए एकदम सही मंच प्रदान करते हैं। ज़रा कल्पना कीजिए: आप एक त्योहार में इधर-उधर भाग रहे हैं, भेंट लेकर, एक ऐसी भाषा में मंत्र जपते हुए जिसे आप समझते नहीं, और आपके रिश्तेदार बहस कर रहे हैं कि किस दिशा की ओर मुख करना चाहिए।

ब्रह्मण, जो अनंत वास्तविकता है, शायद इस अराजकता को किसी धारावाहिक की तरह देख रहा होगा: "देखो इन्हें! ये मैं ही हूं, जो मेरी पूजा करने का नाटक कर

रहे हैं, ये सोचते हुए कि मुझे इस पूरे तमाशे की ज़रूरत है। मज़ेदार!" यह ऐसा है जैसे सागर की एक लहर दूसरी लहर को झुककर प्रणाम कर रही हो, यह भूलकर कि वे दोनों बस पानी ही हैं।

रीति-रिवाज अक्सर इस विचार के साथ आते हैं कि अगर आप उन्हें पूरी तरह निभाएंगे, तो आपको कोई ब्रह्मांडीय पुरस्कार मिलेगा, जैसे किसी वीडियो गेम में अगला लेवल पार करना।

लेकिन यहाँ अद्वैत का असली मज़ाक है: आप पहले से ही अंतिम स्तर पर हैं। मोक्ष, या मुक्ति, कोई ऐसी चीज़ नहीं है जिसे बाहरी कर्मों से अर्जित किया जाए—यह तो बस यह पहचान है कि आप हमेशा से मुक्त हैं।

ब्रह्मण को "प्राप्त" करने के लिए रीतियों का पालन करना ऐसा है जैसे अपनी कार की चाबियाँ ढूंढना, जबकि वे पहले से ही आपके हाथ में हैं। माया इस खेल को चालू रखती है, और आप मंत्र जपने में इतने व्यस्त रहते हैं कि इस ब्रह्मांडीय मज़ाक को समझ ही नहीं पाते।

एक बार जब आप माया के खेल को समझ लेते हैं, तो रीति-रिवाजों का प्रभाव कम हो जाता है। हाँ, ये सामाजिक जुड़ाव और सांस्कृतिक अभिव्यक्ति के लिए अच्छे हैं, लेकिन ये ज्ञान की वीआईपी पास नहीं हैं।

अद्वैत वेदांत कहता है कि असली काम आंतरिक है—स्वयं की जांच, ध्यान, और यह महसूस करना कि "मैं वही हूं।" जिस क्षण आप इसे समझते हैं, रीति-रिवाज जटिल छाया नाटकों जैसे लगने लगते हैं। देखना मजेदार हो सकता है, लेकिन अंततः यह अनावश्यक है।

ब्रह्मण यह गिनती नहीं कर रहा है कि आपने कितने दीप जलाए या कितने नारियल तोड़े। वह तो बस यह इंतजार कर रहा है कि आप खेलना बंद करें और हंसकर कहें: "आखिरकार! तुमने समझ लिया कि यह सब मैं ही था। किसी रिवाज की ज़रूरत नहीं थी—बस तुम्हारा खुद होना ही काफी है।"

मानव अस्तित्व की माया

माया व्यक्तियों को उनके शरीर और मन से पहचान कराने का कारण बनती है, जिससे वे स्वयं को सीमित और नश्वर प्राणी मानने लगते हैं। यह पहचान इच्छाओं, भय और आसक्तियों को जन्म देती है, जो जन्म और पुनर्जन्म (संसार) के चक्र को जारी रखती है।

अहंकार जो माया का उत्पाद है, अलगाव और स्वामित्व का भाव उत्पन्न करता है:

"मैं यह शरीर हूं,"

"यह मेरी संपत्ति है,"

"यह मेरा परिवार है।"

यह अहंकारपूर्ण दृष्टिकोण द्वैतों को जन्म देता है, जैसे स्व-पर, सुख-दुख, और सफलता-असफलता।

माया के प्रभाव में, मनुष्य बाहरी संसार में सुख और पूर्णता की खोज करता है। हालांकि, चूंकि यह संसार क्षणभंगुर और अस्थायी है, यह खोज अक्सर दुख और असंतोष की ओर ले जाती है।

सांसारिक गतिविधियाँ—जैसे काम, रिश्ते, और लक्ष्यों की प्राप्ति की कोशिश—द्वैत के भ्रम और उससे उत्पन्न इच्छाओं से प्रेरित होती हैं। हालांकि ये गतिविधियाँ स्वभावतः समस्या पैदा नहीं करतीं, लेकिन जब इन्हें आत्म-जागरूकता के बिना किया जाता है, तो वे व्यक्तियों को संसार के चक्र में फंसा सकती हैं। व्यक्ति इच्छाओं और कर्मों के चक्र में खो जाता है।

माया व्यक्तियों को कर्म के माध्यम से बांधती है, जो कारण और प्रभाव का नियम है। परिणामों के प्रति आसक्ति के साथ किए गए कर्म, कर्मों के संस्कार (वासना) उत्पन्न करते हैं, जो जन्म और पुनर्जन्म के चक्र को बनाए रखते हैं।

धन, शक्ति, और इंद्रिय सुखों की खोज माया से प्रेरित होती है। ये खोजें अस्थायी संतोष तो देती हैं, लेकिन आत्म-साक्षात्कार की गहरी चाहत को पूरा करने में विफल रहती हैं।

माया द्वारा उत्पन्न द्वैत की धारणा सांसारिक गतिविधियों में प्रतिस्पर्धा, संघर्ष और पीड़ा को जन्म देती है। अलगाव के भ्रम से ईर्ष्या, लोभ और भय पनपते हैं।

पारंपरिक भारतीय दर्शन में वर्णित जीवन के विभिन्न चरण ('आश्रम') माया से प्रभावित होते हैं, लेकिन साथ ही इसे पार करने के अवसर भी प्रदान करते हैं।

ब्रह्मचर्य (विद्यार्थी जीवन):

माया के प्रभाव में, यह चरण ज्ञान प्राप्त करने और सांसारिक जिम्मेदारियों की तैयारी पर केंद्रित होता है। अद्वैत के दृष्टिकोण से, यह विवेक (सही-गलत का ज्ञान) और वैराग्य (आसक्ति का त्याग) विकसित करने का समय हो सकता है।

गृहस्थ (गृहस्थ जीवन):

गृहस्थ जीवन विवाह, परिवार और सामाजिक कर्तव्यों से जुड़ा होता है। यह माया में गहराई से जकड़ा हुआ होता है, लेकिन निःस्वार्थता और सांसारिक सुखों की क्षणभंगुरता का पाठ भी प्रदान करता है।

वानप्रस्थ (सेवानिवृत्ति):

यह चरण सक्रिय सांसारिक जीवन से दूरी बनाने का संकेत देता है, जो चिंतन और वैराग्य को प्रोत्साहित करता है।

संन्यास (त्याग):

अंतिम चरण में सभी आसक्तियों का त्याग करना और आत्म-साक्षात्कार की खोज में स्वयं को समर्पित करना शामिल है, जिससे माया पूरी तरह पार हो जाती है।

विवाह और रिश्ते, जो मानव जीवन के केंद्र में हैं, माया से गहराई से प्रभावित होते हैं। ये व्यक्तित्व के भ्रम और इस विश्वास पर आधारित होते हैं कि पूर्णता दूसरों के माध्यम से पाई जा सकती है। माया आसक्ति को बढ़ावा देती है, जिससे व्यक्ति यह मानने लगते हैं कि उन्हें पूर्ण महसूस करने के लिए दूसरों की आवश्यकता है। यह निर्भरता और भावनात्मक उलझनों की ओर ले जाता है।

रिश्ते अक्सर द्वैतों से चिह्नित होते हैं: प्रेम और घृणा, आनंद और दुःख, सामंजस्य और संघर्ष। ये अहंकार की अपेक्षाओं और भय से उत्पन्न होते हैं।

पारंपरिक भारतीय विचार में, विवाह को केवल एक साझेदारी नहीं, बल्कि एक आध्यात्मिक अभ्यास के रूप में देखा जाता है। अपने कर्तव्यों को निःस्वार्थ भाव से निभाकर, साथी अहंकार को पार कर सकते हैं और आत्म-साक्षात्कार की ओर बढ़ सकते हैं। अद्वैत वेदांत सिखाता है कि सच्चा प्रेम सभी प्राणियों की एकता को पहचानने से उत्पन्न होता है। जब रिश्तों को वैराग्य और आत्म-जागरूकता के साथ निभाया जाता है, तो वे माया से पार पाने का साधन बन जाते हैं, न कि बंधन का कारण।

रीति-रिवाज और परंपराएं मानव जीवन के केंद्र में हैं, और बहुत से लोग इसे हिंदू धर्म का मुख्य आधार भी मानते हैं। रीति-रिवाज और परंपराएं, माया के क्षेत्र में काम करते हुए भी, यदि सही दृष्टिकोण के साथ समझी और निभाई जाएं, तो आध्यात्मिक प्रगति के साधन बन सकती हैं। रीतियां अक्सर गहरे आध्यात्मिक सत्यों का प्रतीक होती हैं। उदाहरण के लिए, दीपक जलाना अज्ञान को दूर करने का प्रतीक है।

रीति-रिवाज ध्यान और अनुशासन को विकसित करते हैं, जिससे मन ध्यान और आत्म-जिज्ञासा के लिए तैयार होता है। जब इन्हें परिणामों के प्रति आसक्ति के बिना निभाया जाता है, तो ये व्यक्ति को वैराग्य और समर्पण की भावना विकसित करने में मदद करते हैं।

अद्वैत वेदांत के दृष्टिकोण से, रीतियां अंततः माया का ही हिस्सा हैं। हालांकि वे मन को शुद्ध करने में सहायक हो सकती हैं, लेकिन वे सीधे आत्म-साक्षात्कार की ओर नहीं ले जातीं। जैसे आदि शंकराचार्य ने विवेकचूडामणि में कहा है, मोक्ष की प्राप्ति रीतियों के माध्यम से नहीं, बल्कि आत्म-ज्ञान के माध्यम से होती है।

माया के संसार में क्यों जीना चाहिए?

अद्वैत वेदांत जीवन का त्याग करने या माया के संसार से भागने की वकालत नहीं करता। इसके विपरीत, यह सिखाता है कि माया के भीतर जीना आत्म-साक्षात्कार के लिए आवश्यक अनुभव और अवसर प्रदान करता है। यहां वे कारण दिए गए हैं कि क्यों माया के इस संसार में जीना चाहिए:

माया का संसार अनगिनत अनुभव प्रदान करता है जो आध्यात्मिक विकास के लिए पाठ के रूप में कार्य करते हैं। चुनौतियों, खुशियों और दुखों के माध्यम से, व्यक्ति विवेक (सही-गलत का ज्ञान) और वैराग्य (आसक्ति का त्याग) विकसित कर सकते हैं, जो माया से परे जाने के लिए आवश्यक गुण हैं।

प्रत्येक व्यक्ति अपनी परिस्थितियों के अनुसार विशेष कर्तव्यों (धर्म) के साथ जन्म लेता है। इन कर्तव्यों को निःस्वार्थ और आसक्ति रहित होकर निभाने से व्यक्ति अपने मन को शुद्ध करता है और अपनी सच्ची प्रकृति के ज्ञान की तैयारी करता है।

माया के भीतर का जीवन व्यक्तियों को अस्तित्व और आत्मा की प्रकृति के बारे में लगातार सवालों का सामना कराता है। जीवन की क्षणभंगुरता और अनिश्चितता से प्रेरित ये जिज्ञासाएँ गहन आध्यात्मिक अंतर्दृष्टि की ओर ले जा सकती हैं।

रिश्ते, माया के भीतर कार्य करते हुए, व्यक्ति के आसक्तियों, अहंकार और इच्छाओं को प्रतिबिंबित करने वाले दर्पण के रूप में कार्य करते हैं। ये बिना शर्त प्रेम, धैर्य और क्षमा का अभ्यास करने के अवसर प्रदान करते हैं, जो अंततः सभी प्राणियों की एकता को प्रकट करते हैं।

अद्वैत के सर्वोच्च दृष्टिकोण से, माया को ब्रह्मण की दिव्य लीला (खेल) के रूप में देखा जाता है। इस लीला में जागरूकता और वैराग्य के साथ भाग लेना जीवन का आनंद लेने की अनुमति देता है, जबकि अद्वैत के ज्ञान में स्थिर रहने में सहायता करता है।

संसार में संलग्न होना आध्यात्मिक प्रगति का विरोध नहीं करता। बल्कि, सही समझ के साथ इसे अपनाने पर यह प्रगति को तेज कर सकता है। ब्रह्मण के प्रति समर्पण और सावधानीपूर्वक किए गए कर्म अहंकार को मिटाने में मदद करते हैं और माया के भ्रमपूर्ण स्वरूप को प्रकट करते हैं।

मानव शरीर और मन, यद्यपि माया का हिस्सा हैं, ध्यान, आत्म-जिज्ञासा और आत्म-साक्षात्कार के लिए अमूल्य उपकरण हैं। ये द्वैत के भ्रम को अनुभव करने और उसे पार करने का माध्यम प्रदान करते हैं।

अद्वैत वेदांत "जीवन्मुक्त" (जो जीते जी मुक्त हो) के आदर्श को सिखाता है। ऐसा व्यक्ति माया के संसार में पूरी तरह से भाग लेता है, लेकिन उससे भ्रमित नहीं होता। वह निःस्वार्थता से कार्य करता है और शांति व ज्ञान का प्रसार करता है।

माया के संसार में जीवन कोई दंड नहीं है, बल्कि आत्मा के विकास के लिए तैयार किया गया एक मंच है। जीवन के साथ सचेत रूप से जुड़कर और अद्वैत ज्ञान को विकसित करके, सांसारिक अस्तित्व को मुक्ति के मार्ग में बदला जा सकता है।

माया की आवश्यकता क्यों है?

माया का अस्तित्व अद्वैत के संदर्भ में विरोधाभासी लग सकता है, लेकिन यह अद्वैत वेदांत की संरचना में कई आवश्यक उद्देश्यों को पूरा करती है। यहाँ बताया गया है कि माया को क्यों आवश्यक माना जाता है:

माया अनंत, निराकार ब्रह्मण को सीमित ब्रह्मांड के रूप में प्रकट होने की अनुमति देती है। माया के बिना, रूपों और अनुभवों की विविधता और बहुलता का

अस्तित्व नहीं होता। यह प्रकटिकरण ब्रह्मण की अंतर्निहित संभावनाओं को व्यक्त करने का माध्यम प्रदान करता है।

माया द्वैत के संसार को रचती है, जो व्यक्तिगत आत्मा के लिए सीमाओं का अनुभव करने और अंततः उन्हें पार करने का मंच बनता है। माया द्वारा प्रस्तुत चुनौतियाँ और भ्रांतियाँ आत्म-जिज्ञासा और सत्य की खोज को प्रेरित करती हैं।

माया चेतना की दिव्य लीला (खेल) को संभव बनाती है। इस लीला के माध्यम से, ब्रह्मण की अपरिवर्तनीय वास्तविकता ब्रह्मांड की सृजन, पालन और विलय की गतिशील प्रक्रिया में संलग्न होती है, जिससे ब्रह्मांडीय अनुभव समृद्ध होता है।

माया प्रकाश और अंधकार, सुख और दुःख, अज्ञान और ज्ञान जैसे विरोधाभास प्रदान करती है। ये द्वैत व्यक्तियों को संसार की क्षणभंगुर प्रकृति को पहचानने में मदद करते हैं और उनका ध्यान शाश्वत वास्तविकता की ओर निर्देशित करते हैं।

माया के माध्यम से, आत्मा भ्रम के भीतर अपने अनुभवों से सीखकर विकसित होती है। यह अज्ञान से ज्ञान की ओर, बंधन से मुक्ति की ओर, माया के भ्रमों को सीढ़ियों के रूप में उपयोग करके प्रगति करती है।

माया की जटिलता को पहचानना और इसे पूरी तरह से नियंत्रित करने में असमर्थता व्यक्तियों को ब्रह्मण की उच्च वास्तविकता के प्रति समर्पण के लिए प्रोत्साहित करती है। यह समर्पण अहंकार से परे जाने और अद्वैत को साकार करने में एक महत्वपूर्ण कदम है।

माया, अलगाव का भ्रम पैदा करने के बावजूद, अंततः ब्रह्मण की एकता की ओर इशारा करती है। जब आत्म-ज्ञान के माध्यम से माया का परदा हटता है, तो सभी अस्तित्व की अंतर्निहित एकता प्रकट होती है।

माया कोई आकस्मिक या अर्थहीन भ्रम नहीं है, बल्कि ब्रह्मण की ब्रह्मांडीय योजना का एक उद्देश्यपूर्ण पहलू है। यह जीवन के गतिशील अनुभव, चेतना के विकास और सत्य की अंतिम अनुभूति को सक्षम बनाती है। माया की आवश्यकता को समझने से व्यक्ति का दृष्टिकोण बदल जाता है—इसे एक बाधा के रूप में देखने के बजाय, इसे मुक्ति की यात्रा का एक अभिन्न हिस्सा मानने की सराहना करता है।

माया से परे जाना

अद्वैत वेदांत में अंतिम लक्ष्य माया से परे जाना और अपनी सच्ची प्रकृति को ब्रह्मण, अनंत चेतना, के रूप में साकार करना है। इसे निम्न तरीकों से प्राप्त किया जाता है:

आत्म-जिज्ञासा (आत्म विचार):

"मैं कौन हूं?" इस प्रश्न का अभ्यास शरीर और मन के साथ झूठी पहचान को समाप्त कर देता है।

वैराग्य :

सांसारिक इच्छाओं और आसक्तियों से वैराग्य माया के प्रभाव को कम करता है।

ध्यान :

ध्यान मन को शांत करता है, जिससे व्यक्ति को अंतर्निहित वास्तविकता का अनुभव होता है।

ज्ञान:

“मैं ब्रह्मण हूं" का साक्षात्कार अज्ञान को समाप्त करता है और माया के भ्रमपूर्ण स्वरूप को प्रकट करता है।

मानव अस्तित्व की माया जीवन के हर पहलू को समेटे हुए है—व्यक्तिगत पहचान से लेकर सांसारिक गतिविधियों, रिश्तों, रीति-रिवाजों और परंपराओं तक। माया, यद्यपि अलगाव और द्वैत का भ्रम उत्पन्न करती है, आत्मा की मुक्ति की यात्रा के लिए एक ढांचा भी प्रदान करती है। विवेक, वैराग्य और आत्म-जिज्ञासा के माध्यम से, कोई माया से परे जा सकता है और ब्रह्मण की अद्वैत वास्तविकता को साकार कर सकता है, जिससे शाश्वत शांति और स्वतंत्रता प्राप्त होती है।

आदि शंकराचार्य के शब्दों में:

“ब्रह्मण ही वास्तविक है; संसार माया है; आत्मा ब्रह्मण से भिन्न नहीं है।"

* * * * *

अध्याय 9

मोक्ष

ब्रह्मन् वा इदमग्र आसीत्, तदात्मानमेवावेत्, अहम् ब्रह्मास्मीति ।

यह आत्मा वास्तव में प्रारंभ में ब्रह्मण थी। इसे केवल अपना ही ज्ञान था, 'मैं ब्रह्मण हूं'।

– बृहदारण्यक उपनिषद 1.4.10

कल्पना करें कि आत्मा (आपका व्यक्तिगत स्वरूप) और ब्रह्मण (अनंत वास्तविकता) दो बचपन के दोस्त हैं, जो हमेशा से एक-दूसरे से अलग नहीं हुए।

एक दिन, आत्मा अपनी भूमिका निभाने के खेल में इतनी डूब जाती है कि वह भूल जाती है कि वह कौन है। वह माया के थीम पार्क में घूमती रहती है, सोचती है, "मैं इस विशाल सागर में सिर्फ एक छोटी बूंद हूं।"

इस बीच, ब्रह्मण ब्रह्मांडीय सोफे पर बैठा, अनंत चाय की चुस्कियां लेते हुए कहता है, "दोस्त, तुम ही तो सागर हो। बूंद होने की चिंता छोड़ो!"

मोक्ष, या मुक्ति, बस आत्मा का अपनी भूलभुलैया से बाहर निकलना और अपने सबसे अच्छे दोस्त ब्रह्मण से फिर से मिलन है।

जीवन को एक अनंत "छुपम-छुपाई" खेल की तरह सोचें, जहां ब्रह्मण बार-बार कहता है, "यह रहा मैं!" लेकिन आत्मा माया द्वारा दिए गए खिलौनों—जैसे नौकरियां, रिश्ते, और नेटफ्लिक्स सब्सक्रिप्शन—में इतनी उलझी रहती है कि उसे दिखता नहीं। कभी-कभी आत्मा ब्रह्मण की एक झलक पकड़ती है और सोचती है, "रुको, क्या वह मैं हूं?" लेकिन फिर माया उसे भटका देती है: "देखो, चमकती चीज़!" मोक्ष तब होता है जब आत्मा आखिरकार कहती है, "बस करो, माया। मैंने तुम्हें देख लिया, ब्रह्मण, और मुझे पता है कि हम एक ही हैं!" यह ब्रह्मांडीय सच्चाई का अंतिम खुलासा है: "ओह, यह तो हमेशा से मैं ही था!"

मान लें आत्मा एक पानी की बूंद है, जो खुद को अकेला और महत्वहीन महसूस करती है। यह कई जीवन इस कोशिश में बिता देती है कि वह "बड़ी" और "बेहतर" बन जाए—पाठ्यक्रम करते हुए, थेरेपी लेते हुए, और अगरबत्तियां जलाते हुए।

फिर एक दिन, वह सागर में गिर जाती है और महसूस करती है, "हे तरंग, मैं ही तो सागर हूं!" मोक्ष यही अनुभूति है।

आत्मा ब्रह्मण में "विलीन" नहीं होती क्योंकि वह कभी अलग थी ही नहीं। यह अलगाव तो बस माया की कल्पना का एक हिस्सा था, जैसे किसी सोप ओपेरा की ऐसी कहानी, जो असल में कोई मतलब नहीं रखती।

माया को नाटक बहुत पसंद है, और आत्मा-ब्रह्मण का अलगाव उसकी सबसे बड़ी कहानी है। वह ब्रह्मांड की सबसे बेहतरीन (या सबसे शरारती) पटकथा लेखक की तरह है, आत्मा को अस्तित्व के संकटों में उलझाए रखती है:

"मैं कौन हूं? मेरा उद्देश्य क्या है? मेरी कार की चाबियां बार-बार क्यों खो जाती हैं?" ले

किन मोक्ष तब होता है जब आत्मा पूरी पटकथा खिड़की से बाहर फेंक देती है और समझती है, "रुको, यह पूरी कहानी तो बस ब्रह्मण का मेरा होने का नाटक है!"

माया, हार मानकर लेकिन अब भी नाटकीय, शालीनता से विदा हो जाती है, बड़बड़ाते हुए, "ठीक है, इस बार तुम जीत गए।"

कल्पना करें कि आत्मा एक डिसकनेक्टेड डिवाइस की तरह है, जो वाई-फाई सिग्नल के लिए बेतहाशा खोज कर रही है। वह सब कुछ आजमाती है—मंत्र जप, रीतियां, योग ऐप्स—लेकिन कुछ भी काम नहीं करता।

फिर कोई धीरे से बताता है, "अरे, तुम पहले से ही वाई-फाई से जुड़े हो। बस तुम भूल गए!"

मोक्ष वह क्षण है जब आत्मा समझती है: "ओह, मैं सिर्फ जुड़ा हुआ नहीं हूं—मैं ही तो नेटवर्क हूं!"

ब्रह्मण, जो कि ब्रह्मांडीय राउटर है, मुस्कुराते हुए कहता है, "तुम्हें समझने में समय लग गया। अब जाओ और अनलिमिटेड बैंडविड्थ का आनंद लो।"

आत्मा और ब्रह्मण की एकता ब्रह्मांड का सबसे बड़ा मज़ाक है। आप इधर-उधर भागते रहते हैं, सोचते हुए कि आप एक छोटे, अलग-थलग व्यक्ति हैं, और डेडलाइंस और किराने की सूची जैसी चीज़ों को लेकर तनाव में रहते हैं।

फिर मोक्ष आपको आनंद के एक भारी झटके की तरह लगता है: "मैं बॉब नहीं हूं जो अकाउंटिंग में काम करता है। मैं अनंत, शाश्वत, आनंदमय ब्रह्मण हूं!"

ब्रह्मांड आप पर नहीं, बल्कि आपके साथ हंसता है, क्योंकि पूरे समय वह बस इस खेल में शामिल था। अंत में, मोक्ष किसी "चीज़" को बनने के बारे में नहीं है—यह यह समझने के बारे में है कि आप हमेशा से सब कुछ थे। और यही सबसे मुक्तिदायक पराकाष्ठा है।

अब अगला तार्किक प्रश्न यह होगा कि कर्म का मोक्ष के संदर्भ में क्या महत्व है? कर्म ब्रह्मांड का "टू-डू लिस्ट" का संस्करण है। आप कुछ करते हैं—अच्छा या बुरा—और बूम, यह आपके कर्मिक स्प्रेडशीट में जुड़ जाता है। आप इसे साफ़ करने में कई जीवन बिता देते हैं, यह सोचते हुए, "अगर मैंने बस पर्याप्त अच्छे कर्म कर लिए, तो मैं अपना मोक्ष बैज कमा लूंगा!"

लेकिन अद्वैत वेदांत माइक ड्रॉप के साथ आता है: "कर्म का मोक्ष से कोई लेना-देना नहीं है!" मोक्ष किसी काम को पूरा करने या ब्रह्मांडीय खाते को संतुलित करने के बारे में नहीं है। यह यह समझने के बारे में है कि आप कभी कर्म के बंधन में थे ही नहीं।

कल्पना करें कि आप नकली मोनोपोली पैसे को लेकर परेशान हैं, जबकि आपका असली बैंक खाता धन से भरा हुआ है—यही कर्म और मोक्ष का संबंध है।

जीवन को एक फिल्म की तरह सोचें, और आपका कर्म उस फिल्म की स्क्रिप्ट है। यह आपके चरित्र के नाटक, कॉमेडी और अप्रत्याशित मोड़ों को तय करता है। लेकिन मोक्ष यह समझने के बारे में है कि आप वह चरित्र नहीं हैं—आप वह स्क्रीन हैं जिस पर पूरी फिल्म चलती है। चाहे आपका चरित्र कितने भी वीरतापूर्ण या खलनायकी भरे कार्य करे, स्क्रीन अप्रभावित रहती है।

चाहे आपका कर्म आपको अगले जीवन में करोड़पति बनाए या मच्छर, यह आपके सच्चे स्वरूप, आत्मा, को छू नहीं सकता। मोक्ष ऐसा है जैसे थिएटर से बाहर आकर कहना, "रुको, मैं फिल्म नहीं हूं; मैं अनंत स्क्रीन हूं!"

कर्म माया के क्षेत्र में कार्य करता है—द्वैत, कारण और प्रभाव के भ्रम में। लेकिन मोक्ष ब्रह्मण के क्षेत्र से संबंधित है, जो माया और द्वैत से परे है। कर्म के माध्यम से मोक्ष "प्राप्त" करने की कोशिश करना ऐसा है जैसे महासागर को पोछने की कोशिश करना—आप कड़ी मेहनत कर रहे हैं, लेकिन बात को समझ नहीं रहे।

मोक्ष करना नहीं, बल्कि जानने के बारे में है। जिस क्षण आप समझते हैं "मैं ब्रह्मण हूं," पूरा कर्मिक नाटक ताश के पत्तों की तरह ढह जाता है। ब्रह्मांड पीछे हटकर कहता है, "तुम हमेशा से मुक्त थे। क्लब में स्वागत है!"

ब्रह्मण को इस बात की परवाह नहीं है कि आपने अच्छे कर्म जमा किए हैं या बुरे—यह सूरज की तरह है, जो संतों और पापियों दोनों पर समान रूप से चमकता है।

मोक्ष अंकों को अर्जित करने के बारे में नहीं है; यह पूरे अंक प्रणाली को छोड़ देने और ब्रह्मांडीय मज़ाक पर हंसने के बारे में है: "मैं पहले से ही अनंत, शाश्वत और मुक्त हूं। मैं शुरुआत में ही कर्म को लेकर इतना पागल क्यों था?"

आत्मा और ब्रह्मण की एकता ही मोक्ष है।

मोक्ष, या मुक्ति, हिंदू दर्शन का एक केंद्रीय विचार है और यह मानव जीवन का अंतिम लक्ष्य दर्शाता है। यह जन्म और मृत्यु के चक्र (संसार) से स्वतंत्रता और अपनी सच्ची आत्मा को परम वास्तविकता, ब्रह्मण, के समान समझने का प्रतीक है।

हिंदू दर्शन की विभिन्न शाखाओं में, अद्वैत वेदांत मोक्ष की एक विशेष रूप से गहन और अद्वैतवादी व्याख्या प्रदान करता है। आदि शंकराचार्य द्वारा स्थापित, अद्वैत वेदांत यह दावा करता है कि मुक्ति आत्म-ज्ञान के माध्यम से प्राप्त होती है, न कि रीतियों, परंपराओं या बाहरी कर्मों के माध्यम से।

अद्वैत वेदांत में, मोक्ष को आत्मा (व्यक्तिगत आत्म) और ब्रह्मण (सार्वभौमिक वास्तविकता) की एकता के साक्षात्कार के रूप में वर्णित किया गया है। यह साक्षात्कार सभी भेदों और द्वैतों को समाप्त कर देता है, जिससे पूर्ण स्वतंत्रता और आनंद की प्राप्ति होती है। अद्वैत वेदांत के मूलग्रंथ इस बात पर जोर देते हैं कि यह साक्षात्कार पूरी तरह से बौद्धिक और अनुभवात्मक है, जिसके लिए गहन आत्म-जिज्ञासा और ध्यान की आवश्यकता होती है, न कि बाहरी रीतियों या अभ्यासों की।

उपनिषद, जिन्हें वेदांत में सर्वोच्च प्रामाणिकता प्राप्त है, बार-बार आत्मा की ब्रह्मण से अभिन्नता पर जोर देते हैं। उदाहरणस्वरूप:

"तत्त्वमसि" (छांदोग्य उपनिषद 6.8.7): यह महावाक्य (महान कथन) व्यक्तिगत आत्मा ("त्वम्") और परम वास्तविकता ("तत्") की मौलिक एकता की घोषणा करता है।

"अयम् आत्मा ब्रह्म" (मांडूक्योपनिषद 1.2): यह कहता है कि आत्मा ब्रह्मण के अतिरिक्त कुछ नहीं है।

ये घोषणाएँ मात्र दार्शनिक विचार नहीं हैं, बल्कि सत्य के प्रत्यक्ष प्रकाशन हैं, जिन्हें आत्म-जिज्ञासा और मनन के माध्यम से आत्मसात किया जाना चाहिए।

रीति-रिवाजों और परंपराओं की अपर्याप्तता

यद्यपि रीतियों (कर्म) और परंपराओं का आध्यात्मिक अभ्यास के प्रारंभिक चरणों में अपना स्थान है, अद्वैत वेदांत स्पष्ट करता है कि मोक्ष प्राप्त करने के लिए वे अपर्याप्त हैं। इसका कारण यह है कि रीतियां द्वैत के क्षेत्र में कार्य करती हैं, जो व्यक्तिगत आत्मा और परमात्मा के बीच भेद को और मजबूत करती हैं।

भगवद गीता:

"त्रैगुण्यविषया वेदा निस्त्रैगुण्यो भवार्जुन" (भगवद गीता 2.45):

कृष्ण अर्जुन को सलाह देते हैं कि वे तीन गुणों (सत्व, रजस, तमस) से परे उठें और वेदों के उन उपदेशों से ऊपर उठें जो रीतियों और भौतिक लाभों पर केंद्रित हैं।

"कर्मण्याध्यात्मविद्यायैव परामं सिद्धिम" (भगवद गीता 6.46):

यह श्लोक बताता है कि जो योगी आत्मा का चिंतन करता है, वह उन लोगों से श्रेष्ठ है जो केवल रीतियों में संलग्न रहते हैं।

बृहदारण्यक उपनिषद:

"न कर्मणा न प्रजया धनेन त्यागेनैके अमृतत्वमानशुः" (बृहदारण्यक उपनिषद 5.5.1):

यह श्लोक कहता है कि अमरत्व न तो कर्मों, न संतान, और न ही धन से प्राप्त होता है, बल्कि त्याग के माध्यम से ही संभव है।

कठोपनिषद:

"नायमात्मा प्रवचननेन लभ्यो न मेधया न बहुधा श्रुतेन" (कठोपनिषद 1.2.23):

आत्मा को न तो प्रवचनों से, न बुद्धि से, और न ही शास्त्रों के विस्तृत अध्ययन से जाना जा सकता है, बल्कि केवल प्रत्यक्ष अनुभव से ही इसकी प्राप्ति होती है।

अद्वैत वेदांत के अनुसार, सभी रीतियां द्वैत की अवधारणा पर आधारित हैं—यानी उपासक और उपास्य के बीच भेद। हालांकि, मोक्ष अद्वैत (अद्वैत) की अवस्था है, जहां सभी भेद समाप्त हो जाते हैं। इसलिए, कोई भी ऐसा अभ्यास जो द्वैत को मजबूत करता है, मुक्ति तक नहीं ले जा सकता।

इसके अलावा, रीतियां कर्म और उसके फलों के क्षेत्र में कार्य करती हैं, जो स्वाभाविक रूप से क्षणभंगुर हैं। मोक्ष, जो शाश्वत और कारणता से परे है, समय और स्थान से बंधे कर्मों के माध्यम से प्राप्त नहीं किया जा सकता।

मोक्ष का मार्ग

मोक्ष का मार्ग आत्म-ज्ञान (ज्ञान योग) है। अद्वैत वेदांत मानता है कि आत्म-ज्ञान (ज्ञान) ही मोक्ष का एकमात्र साधन है। यह ज्ञान केवल बौद्धिक समझ नहीं है, बल्कि आत्मा को ब्रह्मण के रूप में अनुभवात्मक साक्षात्कार है।

इस प्रक्रिया में तीन चरण शामिल हैं:

श्रवण (सुनना):

योग्य शिक्षक के मार्गदर्शन में शास्त्रों का अध्ययन करना, ताकि अद्वैत शिक्षाओं को समझा जा सके।

मनन (चिंतन):

शिक्षाओं पर विचार करना, ताकि संदेह दूर हों और बौद्धिक स्पष्टता प्राप्त हो।

निदिध्यासन (ध्यान):

सत्य को आत्मसात करने और अहंकार को भंग करने के लिए गहन ध्यान।

"ब्रह्मविद् आप्नोति परम्" (तैत्तिरीय उपनिषद 2.1.1):

जो ब्रह्म को जानता है, वह परम को प्राप्त करता है।

"आत्मानम् आत्मना पश्यति" (कठोपनिषद 1.3.12):

आत्मा को आत्मा के द्वारा ज्ञान के माध्यम से साक्षात किया जाता है।

कर्म और मोक्ष के बीच संबंधहीनता

अद्वैत वेदांत में, कर्म और मोक्ष (मुक्ति) मूल रूप से भिन्न और असंबद्ध हैं, क्योंकि वे वास्तविकता के अलग-अलग स्तरों से संबंधित हैं। कर्म द्वैत और संसार के क्षेत्र में कार्य करता है, जो कारण और प्रभाव के नियम से शासित है। दूसरी ओर, मोक्ष द्वैत से परे है और अपनी सच्ची प्रकृति को ब्रह्मण के रूप में साकार करने की अवस्था है, जो शाश्वत और अकारण है।

मुण्डक उपनिषद:

"परिक्ष्य लोकान् कर्मचितान् ब्राह्मणो निर्वेदमायान् नास्त्यकृतं कृतेन" (मुण्डक उपनिषद 1.2.12):

यह श्लोक घोषणा करता है कि कर्मों के फलों का निरीक्षण करने के बाद, एक ज्ञानी व्यक्ति समझता है कि मोक्ष कर्म से प्राप्त नहीं हो सकता और इसलिए वैराग्य विकसित करता है।

भगवद गीता:

"न हि ज्ञानेन सदृशं पवित्रमिह विद्यते" (भगवद गीता 4.38):

ज्ञान को सभी कर्मों से श्रेष्ठ और मोक्ष प्राप्त करने का सबसे पवित्र और सर्वोच्च साधन घोषित किया गया है।

कर्म, जो एक क्रिया है, ऐसे परिणाम उत्पन्न करता है जो समय और स्थान से बंधे होते हैं। यहां तक कि तथाकथित "अच्छा कर्म" भी ऐसे पुण्य देता है जो अस्थायी होते हैं और शाश्वत स्वतंत्रता तक नहीं ले जाते। मोक्ष, परिभाषा के अनुसार, शाश्वत और अपरिवर्तनीय है। चूंकि कर्म सीमित है और मोक्ष अनंत, कोई भी कर्म का संचय मोक्ष प्राप्त करने के लिए पर्याप्त नहीं हो सकता।

अद्वैत वेदांत यह भी कहता है कि आत्मा (आत्मन) पहले से ही मुक्त है और ब्रह्मण के साथ अभिन्न है। बंधन की धारणा अज्ञान (अविद्या) का परिणाम है, और इस अज्ञान को आत्म-ज्ञान के माध्यम से दूर करना ही मुक्ति का एकमात्र साधन है। कर्म, जो द्वैत और अहंकार में निहित हैं, अज्ञान को समाप्त नहीं कर सकते, क्योंकि वे करने वाले और क्रिया के बीच भेद को और मजबूत करते हैं।

आदि शंकराचार्य की ब्रह्म सूत्र पर टिप्पणी यह स्पष्ट करती है कि कर्म मन को शुद्ध करने और आत्म-ज्ञान के लिए तैयार करने में सहायक हो सकता है, लेकिन यह सीधे मोक्ष का परिणाम नहीं हो सकता। मोक्ष किसी नई अवस्था की रचना नहीं है, बल्कि उस सत्य का साक्षात्कार है जो पहले से ही मौजूद है।

प्रारंभिक अभ्यास

यद्यपि अद्वैत वेदांत मोक्ष के लिए आत्म-ज्ञान को सीधा मार्ग मानता है, यह प्रारंभिक अनुशासनों के महत्व को स्वीकार करता है। इनमें नैतिक जीवन, आत्म-संयम, और ध्यान शामिल हैं, जो मन को शुद्ध करते हैं और उच्च ज्ञान के लिए ग्रहणशील बनाते हैं।

साधना चतुष्टय (चार योग्यता):

साधना चतुष्टय उन चार योग्यताओं को संदर्भित करता है जो अद्वैत वेदांत में आत्म-ज्ञान और साक्षात्कार की खोज के लिए आवश्यक मानी जाती हैं। ये योग्यताएँ हैं:

विवेक (विभेदन क्षमता):

नित्य (शाश्वत) और अनित्य (क्षणभंगुर) के बीच भेद करने की क्षमता। इसमें यह समझ शामिल है कि केवल ब्रह्मण ही वास्तविक है, जबकि दृश्य जगत मायावी और अस्थायी है। विवेक सभी अन्य योग्यताओं की नींव के रूप में कार्य करता है।

वैराग्य (असक्ति रहितता):

सांसारिक सुखों और संपत्तियों से गहरा वैराग्य, जो इस ज्ञान से उत्पन्न होता है कि वे अस्थायी हैं और सच्चा सुख प्रदान करने में असमर्थ हैं। वैराग्य साधक को पूरी तरह से मुक्ति की खोज पर केंद्रित रहने में सक्षम बनाता है।

शमादि-षट्क-संपत्ति (छह गुण):

ये छह अनुशासन मन को स्थिर करने और आत्म-जिज्ञासा के लिए तैयार करने में सहायक होते हैं:

श्म (मन का नियंत्रण): विचारों और भावनाओं पर नियंत्रण प्राप्त करना, ताकि मानसिक स्थिरता बनी रहे।

दम (इंद्रियों का नियंत्रण): इंद्रिय अंगों का नियंत्रण, ताकि ध्यान भटकने से रोका जा सके।

उपरति (विसर्जन): उन कार्यों और संलग्नताओं का त्याग, जो आध्यात्मिक लक्ष्यों के अनुरूप नहीं हैं।

तितिक्षा (सहनशीलता): कठिनाइयों को बिना शिकायत किए या ध्यान खोए सहन करना।

श्रद्धा (आस्था): शास्त्रों और गुरु की शिक्षाओं में विश्वास।

समाधान (एकाग्रता): परम वास्तविकता पर एकनिष्ठ ध्यान।

मुमुक्षुत्व (मुक्ति की तीव्र आकांक्षा):

मोक्ष के लिए एक प्रबल आकांक्षा, जो साधक को अपने आध्यात्मिक अभ्यासों और जिज्ञासा में दृढ़ रहने के लिए प्रेरित करती है। मुमुक्षुत्व यह सुनिश्चित करता है कि साधक चुनौतियों के बावजूद मार्ग के प्रति समर्पित बना रहे।

ये योग्यताएँ केवल सैद्धांतिक अवधारणाएँ नहीं हैं, बल्कि अद्वैत ज्ञान की खोज के लिए आवश्यक मानसिक स्पष्टता और आंतरिक अनुशासन को विकसित करने के व्यावहारिक उपकरण हैं। ये यह सुनिश्चित करती हैं कि साधक अद्वैत शिक्षाओं की गहराई को समझने और उन्हें प्रभावी ढंग से आत्मसात करने के लिए पर्याप्त रूप से तैयार हो।

मोक्ष, जैसा कि अद्वैत वेदांत में समझाया गया है, रीतियों और परंपराओं के क्षेत्र से परे है। यह आत्मा की अद्वैत प्रकृति का आत्म-ज्ञान के माध्यम से प्रत्यक्ष साक्षात्कार है। यद्यपि रीतियां और नैतिक अनुशासन साधक को तैयार करने में सहायक भूमिका निभाते हैं, वे अंततः मुक्ति प्राप्त करने के लिए अपर्याप्त हैं। जैसा कि उपनिषद और भगवद गीता में जोर दिया गया है, मुक्ति आत्मा और ब्रह्मण की एकता को पहचानने से प्राप्त होती है।

यह गहन दर्शन न केवल व्यक्तियों को संसार के बंधन से मुक्त करता है, बल्कि जाति, पंथ और कर्मकांडीय भेदभाव को समाप्त करते हुए एकता का सार्वभौमिक संदेश भी प्रदान करता है। अद्वैत वेदांत की दृष्टि में, मोक्ष का मार्ग बाहरी नहीं बल्कि आंतरिक है, जो किसी की सच्ची प्रकृति के शाश्वत साक्षात्कार की ओर ले जाता है।

* * * * *

अध्याय 10

धर्म

स्वयम्भूर्नारदः शम्भुः कुमारः कपिलो मनुः ।

प्रह्लादो जनको भीष्मो बलिर्वैयासकिर्वयम् ॥ २० ॥

द्वादशैते विजानीमो धर्मं भागवतं भटाः ।

गुह्यं विशुद्धं दुर्बोधं यं ज्ञात्वामृतमश्नुते ॥ २१ ॥

भगवान ब्रह्मा, भगवान नारद, भगवान शिव, चार कुमार, भगवान कपिल (देवहूति के पुत्र), स्वायंभुव मनु, प्रह्लाद महाराज, जनक महाराज, पितामह भीष्म, बलि महाराज, शुकदेव गोस्वामी और मैं स्वयं सच्चे धार्मिक सिद्धांत को जानते हैं। मेरे प्रिय अनुयायियों, यह आध्यात्मिक धार्मिक सिद्धांत, जिसे भागवत धर्म या परम भगवान की शरणागति और उनके प्रति प्रेम के रूप में जाना जाता है, प्रकृति के भौतिक गुणों से अप्रभावित है। यह अत्यंत गुप्त है और सामान्य मनुष्यों के लिए समझना कठिन है, लेकिन यदि किसी को इसे समझने का सौभाग्य प्राप्त होता है, तो वह तुरंत मुक्त हो जाता है और अपने परम धाम, भगवान के पास लौट जाता है।

– श्रीमद्भागवतम 6.3.20-21

धर्म को अक्सर प्राकृतिक व्यवस्था या ब्रह्मांडीय नियम-पुस्तिका के रूप में वर्णित किया जाता है, जो ब्रह्मांड को सुचारू रूप से चलाती है। यह उस अनलिखे नियम की तरह है, जो बताता है कि नदियाँ नीचे की ओर बहती हैं, पक्षी प्रवास करते हैं, और इंसान लगातार अपने फोन चेक करते रहते हैं। मानव स्तर पर, धर्म आपका कर्तव्य है—जीवन में आपकी भूमिका के आधार पर जो आपको करना चाहिए, जैसे माता-पिता होना, छात्र होना, या एक ही सप्ताहांत में पाँच शादियों में शामिल होना।

लेकिन अद्वैत वेदांत में, धर्म एक अलग मोड़ लेता है: जबकि यह माया के खेल के मैदान में व्यवस्था बनाए रखने में सहायक है, इसका आपके वास्तविक स्वरूप—ब्रह्मण—की सच्चाई पर कोई अंतिम प्रभाव नहीं है।

धर्म ऐसा है जैसे ब्रह्मांड आपको जन्म के समय एक नौकरी का विवरण सौंपता है: "यह रही आपकी भूमिका, ये हैं आपके कर्तव्य, अब अपना हिस्सा निभाइए।" अगर आप डॉक्टर हैं, तो लोगों का इलाज कीजिए। अगर आप शेफ हैं, तो शानदार खाना बनाइए। अगर आप बिल्ली हैं, तो टेबल से चीजें गिराइए।

धर्म का पालन ब्रह्मांडीय नाटक को सुचारू रूप से चलने देता है। लेकिन अद्वैत वेदांत कहता है, "सुनो, यह मत भूलो—तुम वह नौकरी नहीं हो। तुम पूरा ब्रह्मांड हो, जो 9-से-5 की नौकरी करने का नाटक कर रहा है!" इसलिए, जबकि धर्म खेल के लिए महत्वपूर्ण है, यह अंतिम वास्तविकता नहीं है।

माया के क्षेत्र में धर्म राजा है। यह आपको बताता है कि क्या सही है और क्या गलत, क्या अच्छा है और क्या बुरा, और समाज को अराजकता में बदलने से रोकता है। लेकिन अद्वैत वेदांत के दृष्टिकोण से, सही और गलत की यह सारी बातें द्वैत के क्षेत्र से संबंधित हैं। ब्रह्मण, जो अनंत वास्तविकता है, द्वैत से परे है—यह उस कैनवास की तरह है जिस पर जीवन के नाटक की पेंटिंग उभरती है। चाहे आप धर्म का पूरी तरह पालन कर रहे हों या ध्यान करने के बजाय टीवी देख रहे हों, ब्रह्मण अप्रभावित रहता है। यह सागर की तरह है, जिसे परवाह नहीं होती कि उसकी लहरें बड़ी हैं या छोटी—यह बस सागर है।

धर्म को उस होमवर्क की तरह सोचें, जिसे माया आपको व्यस्त रखने के लिए देती है। "अच्छे इंसान बनो। अपनी जिम्मेदारियों का पालन करो। लाइन में मत काटो!" ये सब माया के भ्रम में सामंजस्य बनाए रखने के लिए बहुत अच्छे हैं, लेकिन ये आपको मोक्ष का एहसास कराने में मदद नहीं करेंगे।

अद्वैत वेदांत कहता है, "होमवर्क जरूर करो, लेकिन यह मत भूलो—यह बस एक खेल है। तुम्हारा असली स्वरूप, आत्मा, न धर्म से बंधा है और न कर्म से। यह पहले से ही मुक्त है!" यह ऐसा है जैसे किसी सपने में आपको काम सौंपा गया हो और जागने पर एहसास हो, "मैं काल्पनिक कपड़े क्यों तह कर रहा था?"

यह है चाल: धर्म कोई ऐसी चीज़ नहीं है जिसे पूरी तरह खारिज कर दिया जाए। यह सड़क के नियमों की तरह है—यह आपको गाड़ी चलाते समय अनावश्यक टक्करों से बचने में मदद करता है। अपने धर्म का ज़िम्मेदारी से पालन करना माया के माध्यम से यात्रा को अधिक सहज और कम अराजक बनाता है।

लेकिन अद्वैत वेदांत याद दिलाता है कि नाटक में अपनी भूमिका से बहुत ज्यादा जुड़ाव न रखें। आप न तो ड्राइवर हैं और न ही गाड़ी—आप स्वयं वह विशाल, अनंत हाईवे हैं। तो हाँ, अपना धर्म निभाओ, लेकिन इसकी सारी विडंबना पर हंसना मत भूलो: "मैं एक ज़िम्मेदार वयस्क होने का नाटक कर रहा हूं, जबकि मैं शाश्वत ब्रह्मण हूं। क्लासिक!"

सबसे बड़ी विडंबना? जब आप अपना धर्म निभाने की कोशिश में भाग-दौड़ कर रहे होते हैं, ब्रह्मण वहीं बैठा होता है, इस बात से पूरी तरह अप्रभावित कि आपने अपने कर्तव्य पूरे किए या नहीं। ब्रह्मण को आपकी परफेक्ट अटेंडेंस रिकॉर्ड की ज़रूरत नहीं है—यह अनंत है, सभी भूमिकाओं और जिम्मेदारियों से परे।

धर्म ब्रह्मांडीय नाटक में एक अच्छी तरह लिखी गई उपकथा की तरह है, जो गहराई और चरित्र विकास जोड़ती है। लेकिन मोक्ष, या मुक्ति, यह समझने में है कि आप वह पात्र नहीं हैं—आप वह स्क्रीन हैं जिस पर पूरा नाटक चलता है। तो अपना धर्म निभाओ, अपनी भूमिका निभाओ, लेकिन परिकाष्ठा मत भूलो: "मैं इस स्क्रिप्ट से कभी बंधा हुआ था ही नहीं—मैं वह अनंत वास्तविकता हूं, जो व्यस्त मानव होने का नाटक कर रही है!"

धर्म क्या है?

धर्म, भारतीय दर्शन का एक मौलिक अवधारणा है, जिसे अक्सर "कर्तव्य," "धर्मनिष्ठा," या "ब्रह्मांडीय नियम" के रूप में अनुवादित किया जाता है। हालांकि, अद्वैत वेदांत, हिंदू दर्शन के अद्वैतवादी विद्यालय के संदर्भ में, धर्म अपनी पारंपरिक व्याख्याओं से परे जाता है।

अद्वैत वेदांत, जो ब्रह्मण को अंतिम अद्वैत वास्तविकता के रूप में प्रस्तुत करता है, धर्म को बाहरी रीति-रिवाजों और परंपराओं से परे समझने का एक गहन दृष्टिकोण प्रदान करता है, इसे आत्मा (आत्मन) के साक्षात्कार और ब्रह्मण के साथ इसकी एकता से गहराई से जोड़ता है।

बृहदारण्यक उपनिषद धर्म के बारे में एक गहरी अंतर्दृष्टि प्रदान करता है, इसके ब्रह्मांड में सामंजस्य और संतुलन बनाए रखने में मौलिक भूमिका पर जोर देता है। बृहदारण्यक उपनिषद (1.4.14) में कहा गया है:

"धर्म सब कुछ का आधार है। यह वास्तव में सत्य है। क्योंकि सत्य अपरिवर्तनीय और शाश्वत है, और धर्म सत्य का कार्य रूप है।"

यह श्लोक इस बात पर जोर देता है कि धर्म केवल बाहरी नियमों या रीतियों का संग्रह नहीं है, बल्कि सार्वभौमिक सत्य की जीवंत अभिव्यक्ति है। धर्म, सत्य के क्रियात्मक रूप में, यह सुनिश्चित करता है कि जीवन के नैतिक, आध्यात्मिक और सामाजिक आयाम शाश्वत व्यवस्था के साथ समरस रहें। धर्म का पालन करके

व्यक्ति अपने जीवन को ब्रह्मांडीय सिद्धांतों के अनुरूप बनाते हैं, जो व्यक्तिगत और सामाजिक कल्याण को बढ़ावा देता है।

धर्म, संस्कृत धातु "धृ" (धारण करना या बनाए रखना) से व्युत्पन्न है, जिसका अर्थ है वह जो ब्रह्मांड के क्रम को बनाए रखता है। इसमें सार्वभौमिक सिद्धांत, नैतिक कर्तव्य और नैतिक नियम शामिल हैं, जो व्यक्तिगत और ब्रह्मांडीय स्तर पर सामंजस्य सुनिश्चित करते हैं।

भगवद गीता (16.1-3) धर्म के अनुरूप गुणों का व्यापक वर्णन प्रदान करती है:

"अभयं सत्व-संशुद्धिर ज्ञान-योग-व्यवस्थितिं, दानम दमश् च यज्ञश् च स्वाध्यायस् तप आर्जवम्; अहिंसा सत्यम अक्रोधस त्यागः शांतिर अपैशुनम्, दया भूतेष्व अलोलुप्त्वम मर्दवम ह्रीर अचापलम्।"

"निर्भयता, हृदय की पवित्रता, ज्ञान के योग में स्थिरता, दान, आत्म-संयम, यज्ञ, शास्त्रों का अध्ययन, तपस्या, उपरिमता; अहिंसा, सत्यनिष्ठा, क्रोध का अभाव, त्याग, शांति, दोष दृष्टि के प्रति विराग, सभी प्राणियों के प्रति करुणा, लोभ का अभाव, कोमलता, विनम्रता, चंचलता का अभाव—ये धर्म का अनुसरण करने वालों के गुण हैं।"

"धैर्य, क्षमा, स्व-नियंत्रण, अचौर्य, पवित्रता, इंद्रियों पर नियंत्रण, बुद्धि, ज्ञान, सत्यनिष्ठा, और क्रोध का अभाव—ये धर्म के दस लक्षण हैं।"

अद्वैत वेदांत में, धर्म इन नैतिक सिद्धांतों से परे जाकर सार्वभौमिक सत्य के साथ सामंजस्य का प्रतीक बनता है। यह आध्यात्मिक विकास के लिए एक मार्गदर्शक सिद्धांत के रूप में कार्य करता है, जो व्यक्तियों को द्वैत के भ्रम से परे ले जाने और ब्रह्म के साथ अपनी एकता को अनुभव करने में सहायक होता है।

ऋत और इसका धर्म से संबंध

ऋत, जो वेदों में एक मौलिक अवधारणा है, ब्रह्मांडीय व्यवस्था और उस सिद्धांत को संदर्भित करता है जो ब्रह्मांड के प्राकृतिक और नैतिक नियमों को नियंत्रित करता

है। यह उस अपरिवर्तनीय सत्य का प्रतिनिधित्व करता है जो ब्रह्मांड के कार्यकलाप को बनाए रखता है।

धर्म, जैसा कि बाद के हिंदू ग्रंथों में व्याख्यायित किया गया है, विशेष रूप से मानव आचरण और सामाजिक समरसता के संदर्भ में, ऋत का एक अभिव्यक्ति रूप माना जा सकता है।

ऋग्वेद (10.190.1) ऋत के सार को उजागर करता है:

ऋतं चं सुत्यं चाभींद्धात्तपुसोऽध्यंजायत ।

"तप से ऋत और सत्य उत्पन्न हुए।"

यह श्लोक इस बात पर जोर देता है कि ऋत वह आदिम व्यवस्था है जिससे सत्य और संतुलन उत्पन्न होते हैं। जहाँ ऋत ब्रह्मांड को एक व्यापक स्तर पर नियंत्रित करता है, वहीं धर्म इस ब्रह्मांडीय व्यवस्था को उन सिद्धांतों में परिवर्तित करता है जिन्हें मनुष्य अपने जीवन में लागू कर सकते हैं।

हिंदू धर्म में, ऋत एक मौलिक अवधारणा है जो ब्रह्मांड के प्राकृतिक नियम और ब्रह्मांडीय व्यवस्था का प्रतिनिधित्व करती है। यह एक वैदिक विधिक शब्द है जिसे "प्राकृतिक नियम" के रूप में अनुवादित किया जा सकता है। ऋत वह सिद्धांत है जो ब्रह्मांड और उसमें समाहित हर चीज़ को, जिसमें प्राकृतिक, नैतिक, और यज्ञ संबंधी व्यवस्थाएँ शामिल हैं, संचालित करता है।

ऋत शब्द "ऋ" मूल से आया है जिसका अर्थ है "चलना"। यह ब्रह्मांड के गतिशील सिद्धांत को दर्शाता है, जो वह प्राकृतिक व्यवस्था है जो चलती और बदलती रहती है। ऋत ब्रह्मांड के उचित कार्य को सुनिश्चित करता है, जिसमें सूर्य और चंद्रमा की गति, ऋतुओं का चक्र, और अग्नि, वायु, आप, पृथ्वी, और आकाश के पांच महान तत्वों के बीच संबंध शामिल हैं। ऋत वास्तविकता और नैतिकता की एक मानक और वस्तुनिष्ठ व्यवस्था है। यह अस्तित्व के सभी पहलुओं में संतुलन और धर्म की स्थापना करता है और सामाजिक समरसता बनाए रखने में महत्वपूर्ण भूमिका निभाता है।

ऋत प्राकृतिक घटनाओं की नियमितता सुनिश्चित करता है, जैसे खगोलीय पिंडों की गति, ऋतुओं का चक्र, और कारण और प्रभाव के सिद्धांत। धर्म मानव

कर्मों को इस ब्रह्मांडीय लय के साथ जोड़ता है, जिससे पर्यावरणीय और सामाजिक संतुलन को बढ़ावा मिलता है।

ऋत नैतिक आचरण की आधारशिला प्रदान करता है। धर्म का पालन करके, व्यक्ति समाज की नैतिक संरचना को बनाए रखते हैं, न्याय, निष्पक्षता और करुणा सुनिश्चित करते हैं।

वैदिक चिंतन में, धर्म के माध्यम से ऋत के साथ सामंजस्य स्थापित करना आध्यात्मिक विकास की ओर ले जाता है। अनुष्ठान, प्रार्थना, और नैतिक जीवन जीना, इन सभी का उद्देश्य व्यक्तिगत अस्तित्व को ब्रह्मांडीय व्यवस्था के साथ समरस करना है।

इस प्रकार, ऋत और धर्म आपस में जुड़े हुए हैं; ऋत शाश्वत ब्रह्मांडीय सिद्धांत का प्रतिनिधित्व करता है, जबकि धर्म इसे जीवन में सामंजस्य और धर्मनिष्ठा के साथ जीने के व्यावहारिक निर्देशों में परिवर्तित करता है।

कर्म और इसका धर्म से संबंध

कर्म, जो कि क्रिया और उसके परिणामों का सिद्धांत है, ऋत और धर्म दोनों से गहराई से जुड़ा हुआ है। ऋत वह ब्रह्मांडीय ढांचा प्रदान करता है जिसके भीतर

कर्म का नियम संचालित होता है, यह सुनिश्चित करते हुए कि हर क्रिया का नैतिक और प्राकृतिक व्यवस्था के भीतर एक समान प्रतिक्रिया होती है।

धर्म एक मार्गदर्शक सिद्धांत के रूप में कार्य करता है ताकि यह सुनिश्चित हो सके कि मानव कर्म (कर्म) ऋत के साथ सामंजस्य में हों।

उदाहरण के लिए:

धर्म के अनुरूप कर्म: धर्म का पालन करते हुए किए गए कर्म धर्मपूर्ण माने जाते हैं और ऋत के संतुलन को बनाए रखने में योगदान करते हैं। ऐसे कर्म सकारात्मक परिणाम और आध्यात्मिक प्रगति की ओर ले जाते हैं।

धर्म से असंगत कर्म: ऐसे कर्म जो धर्म का उल्लंघन करते हैं, ऋत की समरसता को बाधित करते हैं, जिससे नकारात्मक परिणाम उत्पन्न होते हैं और दुःख (संसार) के चक्र को बनाए रखते हैं।

इस प्रकार, धर्म नैतिक दिशा-सूचक के रूप में कार्य करता है जो व्यक्तियों को ऋत की व्यापक संरचना के भीतर उनके कर्म का मार्गदर्शन करने में मदद करता है। यह परस्पर जुड़ा हुआ संबंध सुनिश्चित करता है कि मानव कर्म न केवल ब्रह्मांडीय व्यवस्था के साथ संगत हों, बल्कि आध्यात्मिक विकास और मोक्ष में भी योगदान दें।

ऋत, जो वेदों में एक मौलिक अवधारणा है, ब्रह्मांडीय व्यवस्था और उस सिद्धांत को संदर्भित करता है जो ब्रह्मांड के प्राकृतिक और नैतिक नियमों को नियंत्रित करता है। यह उस अपरिवर्तनीय सत्य का प्रतिनिधित्व करता है जो ब्रह्मांड के संचालन को बनाए रखता है।

धर्म, जैसा कि बाद के हिंदू ग्रंथों में विस्तृत किया गया है, विशेष रूप से मानव आचरण और सामाजिक समरसता के संदर्भ में, ऋत की एक अभिव्यक्ति के रूप में देखा जा सकता है।

धार्मिक जीवन शैली

धार्मिक जीवन शैली का अर्थ है धर्म के सिद्धांतों के अनुरूप जीवन जीना। यह ऐसे कर्मों और विचारों से चिह्नित होती है जो समाज के कल्याण और आत्मा की आध्यात्मिक प्रगति में योगदान देते हैं।

धर्म की अवधारणा को बेहतर ढंग से समझाने के लिए, व्यावहारिक उदाहरण दार्शनिक सिद्धांतों को दैनिक जीवन से जोड़ने में मदद कर सकते हैं। उदाहरण के लिए, एक शिक्षक जो धर्म का पालन करता है, वह न केवल शैक्षणिक ज्ञान प्रदान करने पर ध्यान केंद्रित करेगा, बल्कि छात्रों के समग्र विकास को बढ़ावा देने के लिए ईमानदारी, अनुशासन और करुणा जैसे मूल्यों को भी स्थापित करेगा। इसी प्रकार, एक किसान जो धर्म का पालन करता है, वह सतत कृषि प्रथाओं का पालन करेगा जो पर्यावरण की रक्षा करते हुए अपने समुदाय की आवश्यकताओं को पूरा करती हैं।

एक और उदाहरण है एक डॉक्टर, जो मरीजों का उपचार सहानुभूति और निष्पक्षता के साथ करता है, उनकी भलाई को आर्थिक लाभ से ऊपर रखता है। पारिवारिक जीवन में, ऐसे माता-पिता जो धर्म का पालन करते हैं, वे अपने बच्चों के चरित्र और भावनात्मक सहनशीलता को विकसित करने पर ध्यान केंद्रित कर सकते हैं, साथ ही उनकी भौतिक आवश्यकताओं को भी पूरा कर सकते हैं। ये परिस्थितियाँ दिखाती हैं कि धर्म विभिन्न भूमिकाओं में कैसे प्रकट हो सकता है, व्यक्तिगत कर्तव्य और सार्वभौमिक कल्याण के बीच संतुलन पर जोर देते हुए।

धार्मिक जीवन शैली के सार को निम्नलिखित छह पहलुओं के माध्यम से समझा जा सकता है:

1. स्वधर्म का पालन: स्वधर्म, अर्थात् व्यक्ति का व्यक्तिगत कर्तव्य, उसके जीवन के चरण (आश्रम) और सामाजिक भूमिका (वर्ण) के अनुसार भिन्न होता है। अपने स्वधर्म का पालन करना यह सुनिश्चित करता है कि व्यक्ति के कर्म उसके स्वभाव और जिम्मेदारियों के साथ सामंजस्य में हों।

   भगवद गीता (3.35) सलाह देती है:

   श्रेयान्स्वधर्मो विगुण: परधर्मात्स्वनुष्ठितात् |

   स्वधर्मे निधनं श्रेय: परधर्मो भयावह: || 35||

अपने स्वाभाविक नियत कर्तव्य का पालन करना, भले ही उसमें दोष हों, दूसरे के नियत कर्तव्य को पूर्ण रूप से निभाने से कहीं बेहतर है। वास्तव में, अपने कर्तव्य का निर्वहन करते हुए मर जाना भी दूसरे के मार्ग का अनुसरण करने से बेहतर है, जो खतरों से भरा होता है।

2. यम और नियम का अभ्यास: पतंजलि के योगसूत्रों में वर्णित यम (नैतिक संयम) और नियम (पालन) धार्मिक जीवन का आधार बनाते हैं। इनमें शामिल हैं:

   - यम (संयम):
     - अहिंसा (अहिंसा): विचार, वाणी और कर्म में अहिंसा का अभ्यास करना सामंजस्य और करुणा को बढ़ावा देता है।
     - सत्य (सत्यनिष्ठा): सत्य के प्रति प्रतिबद्धता प्रामाणिकता और नैतिकता को बढ़ावा देती है।
     - अस्तेय (अचौर्य): लोभ से बचना और केवल वही लेना जो सहीfully अर्जित किया गया हो।
     - ब्रह्मचर्य (संयम): इच्छाओं में संयम का अभ्यास करना एकाग्रता और आध्यात्मिक अनुशासन को विकसित करता है।
     - अपरिग्रह (अलगाव): लालच और भौतिक संपत्ति के प्रति आसक्ति को छोड़ना।

- नियम (पालन):
    - शौच (पवित्रता): शारीरिक और मानसिक स्वच्छता बनाए रखना।
    - संतोष (संतुष्टि): कृतज्ञता और स्वीकृति का विकास करना।
    - तप (अनुशासन): आध्यात्मिक अभ्यास में निरंतर प्रयास और आत्म-अनुशासन।
    - स्वाध्याय (आत्म-अध्ययन): नियमित रूप से शास्त्रों का अध्ययन और आत्मचिंतन।
    - ईश्वरप्रणिधान (ईश्वर के प्रति समर्पण): अपने कर्मों को उच्च शक्ति के साथ जोड़ते हुए उस पर भरोसा करना।

इन सिद्धांतों का अभ्यास मानसिक स्पष्टता सुनिश्चित करता है और व्यक्ति को उसके उच्चतर स्व के साथ जोड़ता है, जिससे आध्यात्मिक प्रगति का मार्ग प्रशस्त होता है।

3. सत्य के प्रति प्रतिबद्धता: धार्मिक जीवन सत्य में निहित होता है, न केवल वाणी में बल्कि विचार और कर्म में भी। सत्यनिष्ठ जीवन प्रामाणिकता और नैतिकता को बढ़ावा देता है, और व्यक्ति को परम सत्य के साथ जोड़ता है।

4. निःस्वार्थ सेवा: सेवा, या निःस्वार्थ सेवा, धार्मिक जीवन का एक महत्वपूर्ण पहलू है। इसमें दूसरों के लाभ के लिए अपने समय, संसाधन और प्रयासों को बिना किसी प्रत्याशा के समर्पित करना शामिल है। यह अभ्यास विनम्रता को विकसित करता है और अहंकार को समाप्त करता है, जिससे आध्यात्मिक विकास को बढ़ावा मिलता है।

    भगवद गीता (3.19) सलाह देती है :

    तस्मादसक्त: सततं कार्यं कर्म समाचर |

    असक्तो ह्याचरन्कर्म परमाप्नोति पूरुष: || 19||

इसलिए, इच्छाओं को त्यागकर, अपने कर्तव्य के रूप में कर्म करो क्योंकि फल की इच्छाओं के बिना कार्य करने से परम प्राप्त होता है।

सेवा के मुख्य पहलू शामिल हैं:

- सहानुभूति और करुणा: दूसरों की आवश्यकताओं को समझना और दयालुता के साथ उनका समाधान करना।
- सामुदायिक सेवा: समाज के कल्याण में योगदान देना, जैसे दान, शिक्षा, या पर्यावरण संरक्षण के कार्य।
- एक उच्चतर उद्देश्य के प्रति समर्पण: सेवा को व्यक्तिगत लाभ के बजाय दिव्य को समर्पण के रूप में देखना, जिससे सेवा के फल की मामूली लालसा भी न हो, और निःस्वार्थता सुनिश्चित हो।

सेवा के माध्यम से, व्यक्ति धर्म के साथ सामंजस्य स्थापित करता है, जिससे सामंजस्य बढ़ता है और दुख कम होता है, जो अंततः सेवक और सेवा प्राप्त करने वाले दोनों के लिए लाभकारी होता है। इस सेवा का मुख्य पहलू निःस्वार्थता है, जिसमें सेवा के फल की कोई लालसा नहीं होनी चाहिए। सेवा के परिणाम या फल हो भी सकते हैं और नहीं भी, और उनका कर्म से कोई संबंध नहीं होता। यह अद्वैत वेदांत के परम सत्य, अर्थात ब्रह्म के साथ एकता, के साथ सही रूप से मेल खाता है।

5. आंतरिक शुद्धि (चित्त-शुद्धि): धार्मिक जीवन आंतरिक शुद्धता और मानसिक स्पष्टता को प्राथमिकता देता है, जिससे साधक आत्म-साक्षात्कार की ओर प्रगति कर सके। इसका मुख्य बिंदु आपके अपने विचारों की आंतरिक शुद्धि है, न कि शारीरिक या किसी और की। इसमें नैतिक आचरण, अनुशासित जीवन और ध्यान व प्रार्थना जैसे नियमित आध्यात्मिक अभ्यास शामिल हैं।
6. प्रकृति के साथ सामंजस्य: धर्म प्राकृतिक संसार के साथ सामंजस्यपूर्ण जीवन जीने पर बल देता है। इसमें पर्यावरण की रक्षा करना और सभी जीव रूपों की परस्पर जुड़ाव को पहचानना शामिल है।

धर्म रीति-रिवाजों और अनुष्ठानों से परे

रीति-रिवाज और अनुष्ठान, अपने संदर्भों में महत्वपूर्ण होते हुए भी, बाहरी अभिव्यक्तियाँ और ऐसे उपकरण हैं जो व्यक्तियों को उच्चतर समझ की ओर

मार्गदर्शन करने के लिए बनाए गए हैं। हालांकि, अद्वैत वेदांत में इन्हें सीमित और अस्थायी माना गया है, जो मुख्यतः प्रारंभिक चरणों के रूप में कार्य करते हैं।

भगवद गीता (2.47) कहती है:

कर्मण्य् एवाधिकारस् ते मा फलेषु कदाचन ।

मा कर्म-फल-हेतुर् भूर् मा ते सङ्गोऽस्त्व् अकर्मणि ॥ ४७ ॥

तुम्हें केवल अपने नियत कार्य करने का अधिकार है, लेकिन तुम्हारा अपने कर्मों के फल पर कोई अधिकार नहीं है। तुम्हें अपने कर्मों के परिणाम का कारण नहीं समझना चाहिए और न ही अपने कर्तव्यों की उपेक्षा करने से आसक्त होना चाहिए।

यह श्लोक धर्म के सार को, यानी इच्छा रहित कर्म को, उजागर करता है और बाहरी अनुष्ठानों की अपेक्षा आंतरिक स्वभाव पर जोर देता है। रीति-रिवाज और अनुष्ठान (कर्म-काण्ड) चित्त-शुद्धि (मन की शुद्धता) के लिए बनाए गए हैं और साधक को आत्म-ज्ञान (ज्ञान) के लिए तैयार करते हैं। एक बार यह ज्ञान प्राप्त हो जाने पर, अनुष्ठानों का महत्व समाप्त हो जाता है, क्योंकि साधक कर्म और अकर्म के द्वंद्व से परे चला जाता है।

अद्वैत वेदांत में, मुक्ति (मोक्ष) के लिए एकमात्र साधन के रूप में ज्ञान (ज्ञान) पर जोर दिया गया है। अद्वैत वेदांत के प्रमुख प्रवर्तक शंकराचार्य ने अपनी टीकाओं में अनुष्ठानों पर अत्यधिक जोर देने की बार-बार आलोचना की है। ब्रह्म सूत्र (1.1.4) पर अपनी टीका में वे कहते हैं:

"अनुष्ठान ज्ञान के अधीन हैं और केवल उन लोगों के लिए प्रभावी हैं जिन्होंने अभी तक ज्ञान प्राप्त नहीं किया है। केवल ब्रह्म ज्ञान ही मुक्ति की ओर ले जाता है।"

अनुष्ठान, रीति-रिवाज, और बाहरी अभ्यास कर्म के क्षेत्र से संबंधित हैं और माया के ढांचे के भीतर मन को स्थिर करने के लिए कार्य करते हैं। वे सीढ़ियों के समान हैं, जिन्हें साधक समझ के शिखर पर पहुँचने के बाद त्याग देता है।

परीक्ष्य लोकान्कर्मचितान्ब्राह्मणो

निर्वेदमायान्नास्त्यकृतः कृतेन ।

तद्विज्ञानार्थं स गुरुमेवाभिगच्छेत्

समित्पाणिः श्रोत्रियं ब्रह्मन्निष्ठम् ॥

"कर्म से प्राप्त लोकों का विचार करके, एक ब्राह्मण [इस निष्कर्ष के आधार पर] वैराग्य प्राप्त करता है, 'जो अजन्मा है [ब्राह्मण], वह कर्म से प्राप्त नहीं होता [जो जन्मा है]।' उस [अजन्मा ब्राह्मण] को गहराई से जानने के लिए, वह हाथ में समिधा लेकर केवल [स्वतंत्र रूप से उसका ज्ञान प्राप्त करने के बजाय] एक ऐसे गुरु के पास जाए जो [शास्त्रों में] निपुण हो और जो ब्राह्मण में स्थित हो।"

– मुण्डक उपनिषद: 1.2.12

यह रीति-रिवाजों और अनुष्ठानों की अस्थायी प्रकृति पर बल देता है, साधक को क्षणभंगुर के परे शाश्वत सत्य की खोज करने का आग्रह करते हुए।

धर्म और माया

माया, ब्रह्म की मायावी शक्ति, अद्वैत वेदांत में एक महत्वपूर्ण भूमिका निभाती है। माया की आवरण और प्रक्षेपण शक्ति के माध्यम से ही यह संसार वास्तविक प्रतीत होता है, जिससे द्वैत का अनुभव होता है। माया के क्षेत्र में धर्म एक मार्गदर्शक सिद्धांत के रूप में कार्य करता है, जो ब्रह्मांडीय और सामाजिक व्यवस्था को बनाए रखने में सहायता करता है।

हालांकि, परम वास्तविकता (परमार्थ) के दृष्टिकोण से, धर्म स्वयं ब्रह्म के अद्वैत स्वरूप में विलीन हो जाता है।

असतो मा सद्गमय, तमसो मा ज्योतिर्गमय, मृत्योर्मामृतं गमयेति

"मिथ्या से सत्य की ओर, अंधकार से प्रकाश की ओर, मृत्यु से अमरत्व की ओर ले चलो।"

– बृहदारण्यक उपनिषद 1.3.28

यह प्रार्थना साधक की यात्रा को समाविष्ट करती है, जिसमें वह माया के भीतर धर्म द्वारा संचालित सापेक्षिक क्षेत्र (व्यवहारिक) से ब्रह्म की अनुभूति तक पहुँचता है, जहाँ सभी भेद समाप्त हो जाते हैं।

माया के क्षेत्र में, धर्म एक स्थिरकारी शक्ति के रूप में कार्य करता है। यह सामंजस्य सुनिश्चित करता है और व्यक्तियों को उनकी सीमित पहचान से परे जाने के लिए एक ढांचा प्रदान करता है। हालांकि, जैसे-जैसे कोई आध्यात्मिक मार्ग पर आगे बढ़ता है, धर्म भी माया की तरह, अंततः सापेक्ष माना जाता है। आत्म-साक्षात्कार की स्थिति में, जहाँ आत्मा और ब्रह्म की एकता का अनुभव होता है, धर्म और माया अपनी अलग पहचान खो देते हैं।

प्रारंभिक चरणों में, धर्म का पालन, जिसे नैतिक जीवन के रूप में समझा जाता है, अनिवार्य है। यह आत्म-अनुशासन, करुणा और सत्यनिष्ठा जैसे गुणों का विकास करता है।

ज्ञान को परम धर्म के रूप में

ज्ञान को परम धर्म: शंकराचार्य घोषित करते हैं कि आत्मज्ञान ही सर्वोच्च धर्म है।

छांदोग्य उपनिषद के श्लोक 6.8.7 में इसका विशेष रूप से उल्लेख किया गया है:

स य एषोऽणिमैतदात्म्यमिदं सर्वं तत्सत्यं स आत्मा तत्त्वमसि श्वेतकेतो इति भूय एव मा भगवान्विज्ञापयत्विति तथा सोम्येति होवाच ॥ ६.८.७ ॥

॥ इति अष्टमः खण्डः ॥

'यह जो सबसे सूक्ष्म है, वह इस सबका आत्मा है। यह सत्य है। यह आत्मा है। हे श्वेतकेतु, वह तुम हो।' [तब श्वेतकेतु ने कहा,] 'भगवन्, कृपया इसे मुझे फिर से समझाइए।' 'हाँ, सोम्य, मैं इसे फिर से समझाऊँगा,' उनके पिता ने उत्तर दिया।

तत् त्वम् असि "वह तुम हो"

तत् : ब्राह्मण का संदर्भ देता है, जो परम, असीम और निराकार सत्य है, जो संपूर्ण अस्तित्व का आधार है। यह गुणातीत (निर्गुण) है, लेकिन ब्रह्मांड के रूप में प्रकट होता है (सगुण)।

त्वम् : व्यक्तिगत आत्मा या जीव का संकेत करता है, जो शरीर-मन के जटिलता द्वारा सीमित और शर्तित प्रतीत होता है, लेकिन स्वभाव से ब्राह्मण के समान ही है।

असि : "तत्" और "त्वम्" की एकता और समानता का प्रतिनिधित्व करता है, द्वैत को नकारते हुए अद्वैत (अद्वैत) की पुष्टि करता है।

"तत् त्वम् असि" वाक्य यह सिखाता है कि जब व्यक्तिगत आत्मा को सभी आरोपणों (उपाधियों) से मुक्त कर दिया जाता है, तो वह ब्राह्मण के अलावा और कुछ नहीं है। यह बोध आध्यात्मिक मुक्ति (मोक्ष) और अद्वैत वेदांत में परम धर्म का सार है।

अद्वैत परंपरा यह मानती है कि परम धर्म आत्मज्ञान (आत्मा ज्ञान) है। "तत् त्वम् असि" का उद्घोष करके उपनिषद साधक को उनकी ब्राह्मणस्वरूप वास्तविकता का बोध कराने की ओर प्रेरित करते हैं, जिससे अहंकार और द्वैत की पहचान को पार किया जा सके। यह बोध अज्ञान (अविद्या) को समाप्त कर देता है, जो दुःख और जन्म-मरण के चक्र (संसार) का मूल कारण है।

"तत् त्वम् असि" की समझ सभी प्राणियों के साथ एकता की भावना को उत्पन्न करती है। जब कोई अपनी ब्राह्मण के साथ एकता को पहचान लेता है, तो "स्व" और "पर" का भेद समाप्त हो जाता है। यह बोध स्वाभाविक रूप से सार्वभौमिक करुणा, अहिंसा, और नैतिक जीवन की ओर ले जाता है। इस प्रकार, धर्म अद्वैत का दैनिक जीवन में व्यावहारिक अभिव्यक्ति बन जाता है।

अद्वैत वेदांत वैदिक परंपरा के दो प्रमुख भागों के बीच अंतर करता है: कर्मकांड (कर्म और अनुष्ठान से संबंधित भाग) और ज्ञानकांड (ज्ञान से संबंधित भाग)।

जहाँ कर्मकांड का उद्देश्य सांसारिक और स्वर्गीय लाभ प्राप्त करना होता है, वहीं ज्ञानकांड आत्मज्ञान और मोक्ष (मुक्ति) पर केंद्रित होता है।

"तत् त्वम् असि" के संदर्भ में, कर्मकांड से परे जाना अद्वैत वेदांत द्वारा निर्दिष्ट परम धर्म को समझने के लिए महत्वपूर्ण है।

कर्मकांड: सीमाओं के साथ एक साधन

1. कर्मकांड का स्वभाव

कर्मकांड में वेदों में वर्णित अनुष्ठान, यज्ञ और कर्तव्यों का समावेश होता है, जिसका उद्देश्य इच्छाओं (काम) की पूर्ति और समृद्धि (अर्थ) या स्वर्गीय लोकों (स्वर्ग) की प्राप्ति है। यह द्वैत के ढांचे में कार्य करता है, जो व्यक्तिगत आत्मा (जीव), देवताओं (देव) और ब्रह्मांड के बीच संबंध पर केंद्रित है।

2. कर्मकांड के सीमित उद्देश्य

ससीम परिणाम: कर्मकांड के फल अस्थायी होते हैं। चाहे वह धन हो, संतान हो, या स्वर्ग में स्थान हो, ये परिणाम समय से बंधे होते हैं और अंततः क्षीण हो जाते हैं।

द्वैत पर आधारित: कर्मकांड एक द्वैतवादी दृष्टिकोण पर आधारित है, जहाँ कर्ता (कर्ता), कर्म (कर्म), और फल (फल) अलग-अलग होते हैं। यह दृष्टिकोण भिन्नता के भ्रम को मजबूत करता है।

संसार का चक्र: परिणामों की अपेक्षा के साथ कर्मों में संलग्न होने से व्यक्ति इच्छाओं और उनके परिणामों के कारण जन्म-मरण के चक्र (संसार) में फंसा रहता है।

3. कर्म का मूल कारण: अज्ञान (अविद्या)

कर्मकांड में निर्दिष्ट कार्य एक व्यक्ति की अपनी वास्तविक प्रकृति के अज्ञान पर आधारित होते हैं। जो व्यक्ति शरीर-मन की जटिलता के साथ अपनी पहचान करता है, वह स्वयं को अधूरा मानता है और बाहरी उपलब्धियों के माध्यम से पूर्णता की तलाश करता है। हालांकि, यह पहचान अविद्या (अज्ञान) से उत्पन्न एक त्रुटि है, जो ब्राह्मण की वास्तविकता को छिपा देती है।

यद्यपि कर्मकांड मन को शुद्ध करने और अनुशासन एवं भक्ति जैसे गुणों को विकसित करने के लिए एक प्रारंभिक चरण के रूप में कार्य करता है, यह स्वयं में अंतिम लक्ष्य नहीं है। उपनिषद यह जोर देते हैं कि परम उद्देश्य अनुष्ठानिक प्रथाओं से परे जाना और अपनी सच्ची प्रकृति का साक्षात्कार करना है।

ज्ञानकांड: मुक्ति का मार्ग

ज्ञानकांड का स्वभाव

ज्ञानकांड, जो उपनिषदों में निहित है, आत्मज्ञान और अद्वैत सत्य की अनुभूति से संबंधित है। यह सिखाता है कि व्यक्तिगत आत्मा ब्राह्मण के अतिरिक्त और कुछ नहीं है, जैसा कि "तत् त्वम् असि" द्वारा घोषित किया गया है। यह ज्ञान प्रत्यक्ष, तात्कालिक और मुक्तिदायक है।

ज्ञान के माध्यम से कर्म से परे जाया जा सकता है

द्वैत का अतिक्रमण: ज्ञानकांड कर्मकांड की द्वैतवादी मान्यताओं को खारिज करता है और पुष्टि करता है कि कर्ता, कर्म और फल ब्राह्मण से अलग नहीं हैं।

संसार से मुक्ति: कर्म, जो व्यक्ति को कारण और परिणाम के चक्र से बांधता है, के विपरीत, ज्ञान अज्ञान को समाप्त करता है और आत्मा को शाश्वत, अपरिवर्तनीय और स्वतंत्र रूप में प्रकट करता है।

परम संतोष: जहाँ कर्म बाहरी साधनों के माध्यम से संतोष की खोज करता है, वहीं ज्ञान प्रकट करता है कि आत्मा पहले से ही पूर्ण है। बाहरी परिणामों की खोज अप्रासंगिक हो जाती है।

कर्म से ज्ञान की ओर परिवर्तन

उपनिषद अक्सर कर्मकांड पर अत्यधिक निर्भरता की आलोचना करते हैं। छांदोग्य उपनिषद में उद्दालक श्वेतकेतु को सिखाते हैं कि सभी अनुष्ठान ब्राह्मण के साथ अपनी एकता की अनुभूति के सामने गौण हैं। इसी प्रकार, बृहदारण्यक उपनिषद कर्मकांड ज्ञान की सीमाओं को उजागर करते हुए यह कहते हैं कि सच्चा ज्ञान आत्म-साक्षात्कार है।

उदाहरण: समरूपता को रेखांकित करने वाले रूपक

मिट्टी और घड़ा: जैसे घड़ा केवल मिट्टी का नाम और रूप है, उसी प्रकार व्यक्तिगत आत्मा ब्राह्मण की अभिव्यक्ति है। नाम और रूप पर केंद्रित अनुष्ठान सार को प्रकट नहीं करते।

पानी में नमक: जब नमक पानी में घुल जाता है, तो वह अप्रभेद्य हो जाता है, जो व्यक्ति और ब्राह्मण की एकता का प्रतीक है। अनुष्ठान, अधघुले नमक की तरह, भेद को बनाए रखते हैं।

अद्वैत वेदांत में, कर्म और ज्ञान का संबंध श्रेणीबद्ध है:

कर्म एक तैयारी के रूप में: अनुष्ठान और नैतिक अभ्यास मन को शुद्ध करने और आत्म-जिज्ञासा के लिए आवश्यक परिस्थितियाँ तैयार करने में सहायक होते हैं।

ज्ञान लक्ष्य के रूप में: एक बार मन तैयार हो जाने के बाद, साधक को अनुष्ठानों से परे जाकर आत्मा की अनुभूति पर ध्यान केंद्रित करना चाहिए। इस चरण में कर्म को पकड़कर रखना मुक्ति में बाधा बनता है।

शंकराचार्य, जो अद्वैत वेदांत के प्रमुख प्रवर्तक हैं, ब्रह्मसूत्रों पर अपनी व्याख्या में इस पर बल देते हैं। वे कहते हैं कि कर्म मुक्ति का कारण नहीं बन सकता क्योंकि यह द्वैत के क्षेत्र में कार्य करता है। केवल ज्ञान, जो द्वैत को नकारता है, "तत् त्वम् असि" के सत्य को प्रकट कर सकता है।

इस प्रकार, महावाक्य (महान कथन) परम धर्म को अभिव्यक्त करता है—अपनी सच्ची प्रकृति को ब्राह्मण के रूप में पहचानना। "तत् त्वम् असि" केवल एक दार्शनिक कथन नहीं है; यह अद्वैत वेदांत में धर्म का सार है। यह व्यक्तिगत आत्मा और परम सत्य की एकता की घोषणा करते हुए नैतिक जीवन, आध्यात्मिक अनुभूति और मुक्ति की आधारशिला प्रदान करता है। धर्म, इस संदर्भ में, केवल कर्मों या कर्तव्यों तक सीमित नहीं है, बल्कि अद्वैत के अनुरूप जीवन जीने का सिद्धांत बन जाता है।

"तत् त्वम् असि" को समझना और इसका साक्षात्कार करना आत्मा, संसार और अस्तित्व की धारणा को बदल देता है, उस अंतर्निहित एकता को प्रकट करता है जो सभी को बनाए रखती है। यह अनुभूति ही सर्वोच्च धर्म है, जो सभी द्वैतों को पार कर शाश्वत शांति और संतोष प्रदान करती है।

अद्वैत वेदांत में, धर्म रीति-रिवाजों और अनुष्ठानों तक सीमित नहीं है। ये केवल तैयारी के साधन हैं, जो आत्म-साक्षात्कार के परम लक्ष्य के अधीन हैं। धर्म, जब अपने सर्वोच्च अर्थ में समझा जाता है, उस ब्रह्मांडीय व्यवस्था के साथ संरेखण है जो व्यक्तित्व को अनंत ब्राह्मण में विलीन करने की ओर ले जाती है। धर्म और माया के बीच का यह अंतर्संबंध सापेक्ष अस्तित्व से लेकर परम सत्य की अनुभूति तक

की यात्रा को रेखांकित करता है। इस प्रकार, अद्वैत वेदांत धर्म की अवधारणा को कर्तव्यों के साधारण समूह से ऊपर उठाकर एक गहन आध्यात्मिक सिद्धांत बना देता है, जो मुक्ति में परिणत होता है।

* * * * *

अध्याय 11

प्रारंभ

अंतः अस्ति प्रारंभ

अंत है आरंभ

यह अध्याय पाठक को यह बताता है कि कैसे आप पिछले अध्यायों की सभी शिक्षाओं को शामिल कर अद्वैत के ज्ञान के साथ धर्म में जी सकते हैं ताकि पूर्ण आनंद प्राप्त किया जा सके। इस प्रकार यह व्यक्तिगत मुक्ति की शुरुआत है, जबकि समाज और पर्यावरण के सामूहिक कल्याण में योगदान देता है। अद्वैत के प्रकाश में जीवन जीते हुए, व्यक्ति वास्तव में धर्म के सार को आत्मसात करता है और विश्व में शांति और ज्ञान का मार्गदर्शक बन जाता है।

कल्पना कीजिए कि जीवन एक विशाल नाटक मंच है, और धर्म आपके पात्र की भूमिका है। आप एक माता-पिता, एक शिक्षक, एक सॉफ्टवेयर डेवलपर, या वह व्यक्ति हो सकते हैं जो किराने की लाइन चुनने में काफी समय लगाता है। धर्म का मतलब है अपनी भूमिका को जिम्मेदारी और नैतिकता के साथ निभाना। लेकिन अद्वैत वेदांत इसमें एक मोड़ लाता है: जब आप अभिनय करते हैं, तो याद रखें कि आप वास्तव में यह पात्र नहीं हैं। आप ब्राह्मण हैं, अनंत, जो खुद को तनावग्रस्त किराने खरीदने वाले के रूप में प्रस्तुत कर रहा है। यह वैसा ही है जैसे डेनियल डे-लुईस मेथड एक्टिंग कर रहा हो लेकिन भीतर से हमेशा जानता हो, "मैं वास्तव में अब्राहम लिंकन नहीं हूं।"

धर्म का पालन करने का मतलब यह नहीं है कि आप स्क्रिप्ट में इतने खो जाएं कि बड़ी तस्वीर को भूल जाएं। निश्चित रूप से, एक अच्छे मित्र, जीवनसाथी या सहकर्मी बनें। दूसरों की मदद करें, अपने बिल चुकाएं, और शायद कभी-कभी लॉन की घांस भी काट लें। लेकिन हमेशा भीतर एक मुस्कान बनाए रखें जो कहती है, "यह सब एक ब्रह्मांडीय नाटक है।" यह ऐसा है जैसे आप एक शेक्सपियरियन त्रासदी में हों लेकिन गुप्त रूप से जानते हों कि आप एक कॉमेडी क्लब में हैं। कुंजी यह है कि ईमानदारी से जिएं, गंभीरता से नहीं—क्योंकि ब्राह्मण आपके घांस काटने के कौशल का मूल्यांकन नहीं कर रहा है।

अद्वैत वेदांत "रोचकता के साथ अलगाव" सिखाता है—अपने कर्तव्यों को निभाते हुए यह जानना कि आप उनसे अछूते हैं। इसे एक वीडियो गेम खेलने जैसा समझें: आप पूरी तरह से शामिल होते हैं, अपनी पूरी कोशिश करते हैं, लेकिन जब आपका पिक्सेल चरित्र एक जीवन खो देता है तो घबराते नहीं। इसी तरह, अपने धर्म को ईमानदारी के साथ निभाएं, लेकिन परिणामों से चिपके न रहें। चाहे आप सफल हों या असफल, जीतें या हारें, ब्राह्मण तो ब्राह्मण ही रहेगा। यह ऐसा है जैसे एक कुकिंग प्रतियोगिता देखना, जहां आप सभी के लिए उत्साहित होते हैं क्योंकि आप स्वयं स्टोव, सामग्री और जज तीनों हैं।

धर्म में जीना और साथ ही ब्राह्मण के प्रति जागरूक रहना योग का अभ्यास करने जैसा है—सिर्फ खिंचाव वाले प्रकार का नहीं, बल्कि उस मिलन वाले प्रकार

का। हर क्रिया एक अर्पण बन जाती है, किसी दूर के देवता को नहीं, बल्कि उस परम वास्तविकता को जो आप पहले से ही हैं।

बर्तन धो रहे हैं? इसे ब्राह्मण के रूप में करें।

टैक्स भर रहे हैं? फिर से ब्राह्मण।

यह दृष्टिकोण साधारण कार्यों को ब्रह्मांडीय अभिव्यक्तियों में बदल देता है। अचानक, आपकी "टू-डू लिस्ट" बोझ नहीं रह जाती; यह एक नृत्य बन जाती है। यहां तक कि लंबे डीएमवी लाइन में खड़ा होना भी एक ध्यानपूर्ण स्वीकृति बन सकता है कि, "मैं अनंत हूं, जो लाइसेंस के लिए लाइन में खड़ा हूं जिसकी मुझे वास्तव में जरूरत नहीं है।"

ब्राह्मण की जागरूकता धर्म में हास्य का भाव लाती है।

कोई ट्रैफिक में आपको काट देता है? मुस्कुराएं और सोचें, "आज ब्राह्मण लापरवाही से गाड़ी चला रहा है, है ना?"

किसी कार्य को पूरा करना भूल गए? "अरे, अनंत ने यहां गेंद गिरा दी।"

जब आप समझ जाते हैं कि आप पहले से ही अनंत और शाश्वत हैं, तो जीवन के उतार-चढ़ाव अपनी तीव्रता खो देते हैं। आप सफलताओं और असफलताओं को एक सिटकॉम में कहानी के मोड़ की तरह मानने लगते हैं—मनोरंजक, लेकिन अंतिम नहीं। धर्म तनाव से कम और प्रवाह से अधिक जुड़ा हो जाता है।

धर्म में जीना और ब्राह्मण के प्रति जागरूक रहना उस पार्टी में नाचने जैसा है जहां आप खुद डीजे, फर्श और संगीत हैं। आप ईमानदारी से नृत्य करते हैं, लेकिन नृत्य को बहुत गंभीरता से नहीं लेते। अद्वैत वेदांत आपको इस जागरूकता के साथ अपनी भूमिकाओं को संतुलित करने की याद दिलाता है: "मैं अभिनेता हूं, लेकिन मैं मंच भी हूं। मैं कर्ता हूं, लेकिन मैं अनंत अकर्त्ता भी हूं।" इस मानसिकता के साथ, जीवन हल्का हो जाता है, और हर क्रिया, चाहे वह कितनी ही छोटी क्यों न हो, खुद की परम वास्तविकता को एक अर्पण की तरह महसूस होती है। और जब पर्दा गिरता है, तो आप शालीनता से झुकते हैं, यह जानते हुए कि आपने इस ब्रह्मांडीय नाटक में अपनी भूमिका खूबसूरती से निभाई।

धर्मपूर्ण जीवन अद्वैत के ज्ञान के माध्यम से

धर्मपूर्ण जीवन, जो धर्म और नैतिक आचरण के सिद्धांतों में निहित है, अद्वैत के दृष्टिकोण से सांस्कृतिक परंपराओं और अनुष्ठानिक प्रथाओं से परे चला जाता है। हिंदू धर्म के भीतर एक गहन दार्शनिक परंपरा, अद्वैत वेदांत, जीवन को एक जुड़ी हुई पूर्णता के रूप में देखने की रूपरेखा प्रदान करता है। यह निबंध अद्वैत के ज्ञान पर आधारित धर्मपूर्ण जीवन का अन्वेषण करता है, इसके दैनिक जीवन में अनुप्रयोग को स्पष्ट करने के लिए व्यावहारिक उदाहरणों पर जोर देता है।

अद्वैत वेदांत यह मानता है कि परम सत्य, ब्राह्मण, अनंत, शाश्वत और अद्वैत है। व्यक्तिगत आत्मा ("आत्मा") ब्राह्मण से अलग नहीं है, बल्कि ब्राह्मण ही है। इस एकता का बोध मुक्ति (मोक्ष) की कुंजी है। अज्ञान ("अविद्या") द्वैत का भ्रम उत्पन्न करता है, जिससे अहंकार-केंद्रित जीवन जीने की प्रवृत्ति होती है।

अद्वैत वेदांत से प्रभावित धर्मपूर्ण जीवन में, क्रियाएँ इस अद्वैत की जागरूकता से उत्पन्न होती हैं, जो ब्रह्मांड और अन्य लोगों के साथ सामंजस्य को बढ़ावा देती हैं। यह यांत्रिक रूप से अनुष्ठानों और परंपराओं का पालन करने से परे है और इसके बजाय ज्ञान और विवेक को आत्मसात करने पर केंद्रित है।

अद्वैत वेदांत में धर्मपूर्ण जीवन के सिद्धांत निम्नलिखित हैं:

1. अहिंसा :

अहिंसा केवल शारीरिक हिंसा की अनुपस्थिति नहीं है, बल्कि विचार, वाणी और कर्म में अहिंसा को शामिल करती है। अद्वैत के दृष्टिकोण से, चूंकि सभी प्राणी एक ही मूल सार को साझा करते हैं, इसलिए किसी अन्य को नुकसान पहुँचाना स्वयं को नुकसान पहुँचाने के समान है। अहिंसा का अभ्यास करने के लिए करुणा और समझ को विकसित करना आवश्यक है, यहां तक कि कठिन परिस्थितियों में भी। उदाहरण के लिए, एक गरमागरम बहस में आक्रामक प्रतिक्रिया देने के बजाय शांत और सहानुभूतिपूर्ण बने रहना अहिंसा को दर्शाता है।

2. सत्य :

अद्वैत में सत्य केवल सत्य बोलने तक सीमित नहीं है, बल्कि अपने जीवन को अद्वैत सत्य के साथ संरेखित करने को भी शामिल करता है। प्रामाणिक रूप से

जीना अपने भीतर की एकता की अनुभूति के साथ सामंजस्य में कार्य करना है। व्यावहारिक उदाहरणों में व्यक्तिगत और व्यावसायिक संबंधों में छल से बचना और यह सुनिश्चित करना शामिल है कि किसी के कार्य उनके गहरे मूल्यों और एकता की समझ को प्रतिबिंबित करें।

3. अपरिग्रह (गैर-अधिकार):

अपरिग्रह का तात्पर्य भौतिक संपत्तियों और संबंधों से अत्यधिक लगाव को छोड़ना है। यह इस जागरूकता पर आधारित है कि भौतिक वस्तुएं क्षणिक हैं और आत्मा को परिभाषित नहीं करतीं। अद्वैत के संदर्भ में, अपरिग्रह का अभ्यास करना यह पहचानना है कि संपत्ति से चिपके रहना अलगाव के भ्रम से उत्पन्न होता है। एक व्यावहारिक दृष्टिकोण में अपने जीवन शैली को सरल बनाना, संसाधनों को उदारतापूर्वक साझा करना और दूसरों की भलाई में खुशी पाना शामिल हो सकता है।

4. आत्म-विचार :

आत्म-विचार अद्वैत अभ्यास का एक आधार है। इसमें यह पूछकर आत्मा की प्रकृति पर प्रश्न करना शामिल है, "मैं कौन हूं?" यह अभ्यास अहंकार को समाप्त करने में मदद करता है और ब्राह्मण के रूप में अपनी सच्ची प्रकृति की अनुभूति की ओर ले जाता है। उदाहरण के लिए, तनाव या आत्म-संदेह के क्षणों में, भावनाओं की क्षणभंगुर प्रकृति और अंतर्निहित, अपरिवर्तनीय आत्मा पर चिंतन करने से शांति और स्पष्टता बहाल हो सकती है।

5. कर्म योग :

कर्म योग, या कर्म का योग, बिना कर्म के फलों के प्रति इच्छा के अपने कर्तव्यों का पालन करना है। अद्वैत के दृष्टिकोण में, यह सिद्धांत स्वाभाविक रूप से तब उत्पन्न होता है जब कोई कर्ता, कर्म और कर्म के प्राप्तकर्ता के बीच कोई भेद नहीं देखता। उदाहरण के लिए, एक शिक्षक जो ज्ञान प्रदान करता है या एक डॉक्टर जो मरीजों का इलाज करता है, बिना पहचान या पुरस्कार की अपेक्षा किए, कर्म योग का उदाहरण देता है।

6. शांति (आंतरिक शांति):

आंतरिक शांति धर्मपूर्ण जीवन का एक सिद्धांत और परिणाम दोनों है। यह इस अनुभूति से उत्पन्न होती है कि आत्मा बाहरी उतार-चढ़ाव से अछूती है। व्यावहारिक अनुप्रयोगों में सफलता और असफलता में समानता विकसित करना और आत्मा की अद्वैत जागरूकता में खुद को स्थिर करके प्रतिकूल परिस्थितियों में लचीलापन बढ़ाना शामिल है।

धर्मपूर्ण जीवन के व्यावहारिक प्रयोग

1. एकता की जागरूकता विकसित करना

अंतर-व्यक्तिगत संघर्षों पर विचार करें। कार्यस्थल पर, अक्सर असहमति अहंकार और अलगाव की भावना के कारण उत्पन्न होती है। ऐसी स्थितियों से यह समझते हुए निपटना कि दोनों पक्ष समान अंतर्निहित चेतना साझा करते हैं, सहानुभूति और समाधान को प्रोत्साहित करता है। आवेगपूर्ण प्रतिक्रिया देने के

बजाय, कोई रुक सकता है, विचार कर सकता है, और एकता की भावना से कार्य कर सकता है।

2. संबंधों में गैर-अधिकार

भौतिक संपत्तियां और रिश्ते अक्सर व्यक्तियों को बांधते हैं। अद्वैत विरक्ति पर जोर देता है, उपेक्षा के अर्थ में नहीं, बल्कि दूसरों पर अधिकार की भावना से बचने में। उदाहरण के लिए, माता-पिता होने के नाते यह समझना कि बच्चे संपत्ति नहीं हैं, बल्कि अपनी स्वयं की राह वाले व्यक्ति हैं, सहायक और गैर-नियंत्रणकारी संबंधों को सक्षम बनाता है।

3. नैतिक निर्णय लेना

व्यवसाय में, निर्णय लेना अक्सर नैतिकता की परीक्षा लेता है। अद्वैत के सिद्धांतों द्वारा निर्देशित एक उद्यमी अल्पकालिक लाभ के बजाय दीर्घकालिक सामुदायिक कल्याण को प्राथमिकता देगा। कर्मचारियों, हितधारकों और समाज को आत्मा के विस्तार के रूप में देखना स्वाभाविक रूप से धर्मपूर्ण प्रथाओं की ओर ले जाता है।

4. सजग जीवन जीना

सजगता, जो अद्वैत की जागरूकता में निहित है, साधारण कार्यों को रूपांतरित करती है। उदाहरण के लिए, दैनिक कार्यों के दौरान, कोई क्रियाओं की पारस्परिकता पर ध्यान केंद्रित कर सकता है। खाना पकाना, उदाहरण के लिए, ब्रह्मांड के प्रति आभार व्यक्त करने का एक कार्य बन जाता है जो पोषण प्रदान करता है, जिससे विनम्रता और जागरूकता बढ़ती है।

5. विवाद समाधान

उत्तराधिकार को लेकर एक पारिवारिक विवाद को अद्वैत के दृष्टिकोण से देखा जा सकता है। साझा चेतना को पहचानने से ध्यान व्यक्तिगत लाभ से सामूहिक सामंजस्य की ओर स्थानांतरित हो जाता है। भौतिक लाभों के लिए प्रतिस्पर्धा करने के बजाय, परिवार रिश्तों को बनाए रखने और धर्म को प्रोत्साहित करने को प्राथमिकता दे सकता है।

धर्मपूर्ण जीवन में चुनौतियों को पार करना

अनुष्ठानों पर निर्भरता के बिना धर्मपूर्ण जीवन अपनाने के लिए दृढ़ता की आवश्यकता होती है। सामान्य चुनौतियों में शामिल हैं:

1. अहंकार की प्रवृत्तियाँ: अहंकार एकता की समझ में घुलने का विरोध करता है।
2. सामाजिक अपेक्षाएँ: पारंपरिक दृष्टिकोण अक्सर धर्म को अनुष्ठानों के साथ जोड़ते हैं, जिससे बाहरी दबाव उत्पन्न होते हैं।
3. अज्ञान : द्वैतवादी सोच के गहरे जमे हुए पैटर्न को दूर करने के लिए सतत प्रयास आवश्यक है।

चुनौतियों को पार करने की रणनीतियाँ

1. ध्यान: नियमित ध्यान अभ्यास जैसे "निदिध्यासना" (सत्यों पर चिंतन) अद्वैत की अनुभूति को मजबूत करते हैं।
2. सामुदायिक समर्थन: समान विचारधारा वाले व्यक्तियों के साथ जुड़ने से विकास को प्रोत्साहन मिलता है और धर्मपूर्ण जीवन को सुदृढ़ किया जाता है।
3. ज्ञान योग: उपनिषद जैसे शास्त्रों और शिक्षाओं का अध्ययन अद्वैत की समझ को गहरा करता है।
4. दैनिक आत्मचिंतन: एक जर्नल में धर्म के अनुरूप विचारों और क्रियाओं को रिकॉर्ड करना आत्म-सुधार में सहायक होता है।

धर्मपूर्ण जीवन आधुनिक संदर्भों में

1. प्रौद्योगिकी और अद्वैत

दैनिक जीवन में प्रौद्योगिकी का तेजी से समावेश द्वैत को गहरा कर सकता है या धर्मपूर्ण जीवन को बढ़ावा दे सकता है। उदाहरण के लिए, सोशल मीडिया अक्सर तुलना और अहंकार को बढ़ावा देता है। अद्वैत जागरूकता को लागू करके, कोई

इन प्लेटफार्मों का उपयोग करुणा फैलाने, ज्ञान साझा करने और सार्थक रूप से जुड़ने के लिए कर सकता है।

2. स्थिरता और पर्यावरण

अद्वैत सिखाता है कि प्रकृति और व्यक्ति अलग नहीं हैं। व्यावहारिक उदाहरण: कचरे को कम करना, ऊर्जा संरक्षण और पर्यावरण-अनुकूल पहलों का समर्थन करना जैसे स्थायी अभ्यास अपनाकर, व्यक्ति पर्यावरण के प्रति सम्मान के माध्यम से धर्म को आत्मसात करता है।

3. शिक्षा और अद्वैत

अद्वैत के प्रति जागरूक शिक्षक शिक्षा को छात्रों को उनकी पारस्परिकता के प्रति जागृत करने का माध्यम मान सकते हैं। व्यावहारिक उदाहरण: एक शिक्षक अपने पाठ्यक्रम में नैतिक चर्चाएं और सजगता के अभ्यास को शामिल करता है, जिससे छात्रों को ज्ञान और जीवन की एकता का अनुभव करने में मदद मिलती है।

अद्वैत जागरूकता का परिवर्तनकारी प्रभाव

अद्वैत दृष्टिकोण अपनाने से व्यक्ति का दृष्टिकोण, संबंध और कार्य बदल जाते हैं। निम्नलिखित उदाहरण गहरे बदलावों को उजागर करते हैं:

1. संबंधों को सुधारना:

एकता की जागरूकता शिकायतों को समाप्त करती है और क्षमा को बढ़ावा देती है। जब कोई समझता है कि संघर्ष का स्रोत अलगाव के भ्रम में निहित है, तो स्वाभाविक रूप से सहानुभूति उत्पन्न होती है। व्यावहारिक उदाहरण: एक टूटे हुए भाई-बहन का रिश्ता ठीक हो जाता है क्योंकि दोनों पक्ष अपने साझा सार को पहचानते हैं, जिससे नाराजगी की जगह परस्पर देखभाल ले लेती है।

2. कार्यस्थल में सामंजस्य:

अद्वैत के प्रति जागरूक नेता समावेशी और सामंजस्यपूर्ण कार्य संस्कृति को बढ़ावा देते हैं। प्रत्येक टीम सदस्य को समान रूप से महत्व देकर और प्रतिस्पर्धा के बजाय सहयोग को बढ़ावा देकर उत्पादकता बढ़ती है। व्यावहारिक उदाहरण: एक

प्रबंधक मध्यस्थता और पारदर्शी संचार का उपयोग करके विवादों को हल करता है, यह सुनिश्चित करता है कि सभी आवाजें सुनी और सम्मानित हों।

3. व्यक्तिगत कल्याण:

मान्यता या भौतिक लाभ की निरंतर खोज से मुक्त व्यक्ति आंतरिक शांति और संतोष का अनुभव करता है। यह समझते हुए कि खुशी आंतरिक है और बाहरी परिस्थितियों पर निर्भर नहीं है, कोई समता के साथ चुनौतियों का सामना कर सकता है। व्यावहारिक उदाहरण: आर्थिक कठिनाइयों का सामना कर रहा एक व्यक्ति अपने सच्चे आत्म में लंगर डालकर सकारात्मकता बनाए रखता है, न कि अपने बैंक बैलेंस में।

4. सामुदायिक विकास:

सभी प्राणियों की पारस्परिकता को पहचानने से समाज के लिए लाभकारी कार्य प्रेरित होते हैं। व्यावहारिक उदाहरण: एक व्यक्ति सामुदायिक बगीचा स्थापित करता है, पड़ोसियों को स्थायी खाद्य उत्पादन में शामिल करता है। यह न केवल पर्यावरण जागरूकता को बढ़ावा देता है बल्कि साझा प्रयासों के माध्यम से सामुदायिक संबंधों को भी मजबूत करता है।

5. कलात्मक अभिव्यक्ति:

अद्वैत से प्रेरित कलाकार अक्सर एकता और पारस्परिकता के सार्वभौमिक विषयों को दर्शाने वाले कार्यों का निर्माण करते हैं। व्यावहारिक उदाहरण: एक चित्रकार अपने कला कार्यों में प्रकृति के सामंजस्य के प्रतीकों को शामिल करता है, दर्शकों को सभी जीवन के साझा सार पर विचार करने के लिए आमंत्रित करता है।

6. आध्यात्मिक विकास:

अद्वैत की अनुभूति की ओर यात्रा व्यक्ति की आध्यात्मिक परिपक्वता को बढ़ाती है। यह अस्तित्वगत प्रश्नों को स्पष्टता प्रदान करती है, जिससे उद्देश्य की गहरी भावना उत्पन्न होती है। व्यावहारिक उदाहरण: एक साधक आत्म-जिज्ञासा और ध्यान में खुद को डुबोता है, धीरे-धीरे अहंकार की पहचान से ब्राह्मण के रूप में अपने सच्चे स्वभाव में स्थित होने का अनुभव करता है।

7. समुदायों में संघर्ष का समाधान:

अद्वैत जागरूकता बड़े सामाजिक संघर्षों को संवाद और परस्पर सम्मान को बढ़ावा देकर हल कर सकती है। उदाहरण: एक विविध पड़ोस में, सामुदायिक नेता साझा मानव मूल्यों पर आधारित अंतरधार्मिक संवाद आयोजित करते हैं, विभिन्न समूहों के बीच विश्वास और समझ बनाते हैं।

8. पर्यावरण संरक्षण:

पृथ्वी को अपने विस्तार के रूप में पहचानने से प्रकृति के साथ किसी के संबंध को बदल दिया जाता है। उदाहरण: एक व्यक्ति नवीकरणीय ऊर्जा स्रोतों को अपनाकर अपने कार्बन पदचिह्न को कम करता है, यह समझते हुए कि उनके कार्य ग्रह और आने वाली पीढ़ियों की भलाई में योगदान करते हैं।

धर्मपूर्ण जीवन अद्वैत वेदांत में शून्य के संदर्भ में

अद्वैत वेदांत में, शून्य (शून्यता) की अवधारणा को नास्तिकता से भरे शून्य के रूप में नहीं, बल्कि द्वैत की अनुपस्थिति और वैचारिक भेदों के खंडन के रूप में समझा जाता है। शून्य इस पहचान का प्रतीक है कि सभी प्रकट रूप और घटनाएं स्वतंत्र अस्तित्व से रहित हैं। यह अनुभूति धर्मपूर्ण जीवन को गहराई से विरक्ति और समभाव के साथ जीने की प्रेरणा देती है।

1. संबंधों में शून्यता को अपनाना

व्यावहारिक उदाहरण: व्यक्तिगत संबंधों में, शून्य की अनुभूति व्यक्तियों को अपेक्षाओं और स्वामित्व की भावना से मुक्त होने के लिए प्रेरित करती है। उदाहरण के लिए, प्रेम में प्रतिदान की अपेक्षा करने के बजाय, कोई उस साझा संबंध की सराहना करता है जो अनंत वास्तविकता की क्षणिक अभिव्यक्ति है।

2. सफलता और असफलता को पुनर्परिभाषित करना

शून्य को समझना सफलता और असफलता के द्वैत से परे जाने में मदद करता है। व्यावहारिक उदाहरण: एक उद्यमी जो व्यापार में असफलताओं का सामना करता है, वह हानि के साथ अपनी पहचान नहीं करता, बल्कि इसे अस्तित्व के बड़े

और सदैव परिवर्तनशील नाटक का हिस्सा मानता है। यह जागरूकता लगन और नवीनीकृत प्रयास को प्रेरित करती है, बिना आसक्ति के।

3. पर्यावरण संरक्षण में शून्यता के माध्यम से

यह पहचान कि सभी रूप शून्य से उत्पन्न होते हैं और उसमें विलीन हो जाते हैं, प्रकृति के साथ एक सम्मानजनक संबंध को बढ़ावा देती है। व्यावहारिक उदाहरण: जीवन की पारस्परिकता और क्षणभंगुरता को समझकर, व्यक्ति स्थायी प्रथाओं को अपनाने और पर्यावरण को अपने अस्तित्व के विस्तार के रूप में मानने के लिए प्रेरित होता है।

4. शून्यता की जागरूकता के माध्यम से आंतरिक शांति

व्यावहारिक उदाहरण: चिंता या तनाव के क्षणों में, शून्य की प्रकृति पर चिंतन करना—कि इन भावनाओं का कोई स्वाभाविक अस्तित्व नहीं है—उनकी तीव्रता को समाप्त करने में मदद करता है। यह अभ्यास गहरी आंतरिक स्थिरता और स्पष्टता को विकसित करता है।

5. सृजनात्मकता और शून्यता

शून्य की शून्यता सृजनात्मकता के लिए एक उर्वर भूमि के रूप में कार्य करती है। व्यावहारिक उदाहरण: शून्य से प्रेरित एक कलाकार ऐसी कृतियाँ बनाता है जो पारंपरिक रूपों से परे जाती हैं और सार्वभौमिकता की भावना को प्रेरित करती हैं, दर्शकों को उनके साझा सार की याद दिलाती हैं।

6. सामूहिक सामंजस्य

शून्य एक सिद्धांत के रूप में उन सीमाओं को समाप्त करता है जो समुदायों को विभाजित करती हैं। व्यावहारिक उदाहरण: साझा शून्यता की समझ पर आधारित एक सामुदायिक परियोजना, जैसे एक सार्वजनिक स्थान बनाना या एक उत्सव आयोजित करना, समावेशिता और सामंजस्य पर केंद्रित होती है न कि व्यक्तिगत लाभ पर।

अद्वैत के अद्वैत ज्ञान से प्रेरित धर्मपूर्ण जीवन जीवन को सामंजस्य, उद्देश्य और करुणा की एक सहज धारा में बदल देता है। परंपराओं और अनुष्ठानों से परे

जाकर, व्यक्ति उस सार्वभौमिक दृष्टिकोण को अपनाते हैं जो कार्यों को अस्तित्व की मूल एकता के साथ संरेखित करता है। इन सिद्धांतों का व्यावहारिक अनुप्रयोग, जैसा कि वास्तविक जीवन के उदाहरणों के माध्यम से प्रदर्शित किया गया है, अद्वैत वेदांत की शिक्षाओं को समकालीन जीवन में सुलभ और प्रभावशाली बनाता है। यह मार्ग न केवल व्यक्तिगत मुक्ति की ओर ले जाता है बल्कि समाज और पर्यावरण के सामूहिक कल्याण में भी योगदान देता है। अद्वैत के प्रकाश में जीते हुए, कोई वास्तव में धर्म के सार को आत्मसात करता है, शांति और ज्ञान की एक ज्योति बनकर दुनिया में प्रेरणा देता है।

विष्व को शांति का संदेश: एकता को अपनाना

अराजकता, विभाजन और अशांति के बीच, अद्वैत वेदांत का प्राचीन ज्ञान शांति, प्रेम और सामंजस्य का एक शाश्वत संदेश प्रदान करता है। एकता की अनुभूति में निहित यह गहन दर्शन हमें याद दिलाता है कि यह संसार, भले ही अपने अभिव्यक्तियों में विविध हो, अंततः परस्पर जुड़ा हुआ और अविभाज्य है।

अद्वैत वेदांत "अद्वैत" के सिद्धांत को सिखाता है, जिसका अर्थ है "द्वैत नहीं।" यह कहता है कि अस्तित्व के असंख्य रूपों के नीचे एक अविभाजित सार छिपा हुआ है, जिसे अक्सर ब्राह्मण कहा जाता है। यह सार शुद्ध चेतना है, शाश्वत और अनंत, जो सब कुछ समेटे हुए है। जो विभाजन हम देखते हैं—स्व और अन्य, राष्ट्र और राष्ट्र, धर्म और धर्म—वे अज्ञान (अविद्या) से उत्पन्न भ्रम हैं। जब यह अज्ञान समाप्त हो जाता है, तो हमें सत्य दिखाई देता है: हम टुकड़े नहीं हैं जो एक-दूसरे के खिलाफ प्रतिस्पर्धा कर रहे हैं, बल्कि एक ही अस्तित्व के महासागर में उठती और गिरती हुई तरंगें हैं।

शांति की ओर पहला कदम इस एकता की पहचान है। उपनिषदों के शब्दों में, “तत् त्वम् असि"—"तुम वही हो।" आप केवल एक शरीर या मन नहीं हैं; आप अनंत, शाश्वत हैं। जब हम इस सत्य को आत्मसात करते हैं, तो "मैं" और "मेरा" की सीमाएँ समाप्त हो जाती हैं। हम दूसरों को अपने भीतर और स्वयं को दूसरों में देखना शुरू कर देते हैं। किसी और का दर्द हमारा अपना दर्द बन जाता है, और उनकी खुशी हमारी खुशी। इस गहन सहानुभूति से सच्ची करुणा उत्पन्न होती है, जो शांति की नींव है।

आधुनिक दुनिया में, हम अक्सर उन पहचानों का शिकार हो जाते हैं जो हमें विभाजित करती हैं—जाति, धर्म, राष्ट्रीयता और वर्ग। अद्वैत वेदांत हमें इन पहचानों से ऊपर उठने और सार्वभौमिकता को अपनाने का निमंत्रण देता है। यह हमारी व्यक्तिगतता को नकारता नहीं है, बल्कि हमें इसे एक ही मूल वास्तविकता की अनोखी अभिव्यक्ति के रूप में देखने के लिए कहता है। जैसे अलग-अलग नदियाँ एक ही महासागर में मिलती हैं, वैसे ही सभी मार्ग, सभी जीवन एक ही ब्रह्म की ओर ले जाते हैं। यह अनुभूति विविधता को कम नहीं करती; यह इसे समृद्ध करती है, जिससे हम बिना संघर्ष के अपने भेदों का उत्सव मना सकते हैं।

इस जागरूकता को विकसित करने के लिए, अद्वैत वेदांत ध्यान, आत्म-जिज्ञासा और पवित्र ग्रंथों के अध्ययन जैसे अभ्यासों को प्रोत्साहित करता है। ध्यान के माध्यम से, हम बेचैन मन को शांत करते हैं और भीतर की स्थिरता की झलक पाते हैं। आत्म-जिज्ञासा के माध्यम से, हम यह पूछते हैं कि हम कौन हैं और अपने सच्चे स्वभाव के करीब आते हैं। अध्ययन के माध्यम से, हम अपने समझ को उन लोगों के ज्ञान के साथ संरेखित करते हैं जिन्होंने पहले इस मार्ग पर चलकर इसे

अनुभव किया है। ये अभ्यास किसी विशेष धर्म या संस्कृति तक सीमित नहीं हैं; ये सार्वभौमिक साधन हैं जो सभी के लिए उपलब्ध हैं।

अद्वैत वेदांत के अनुसार, शांति कुछ प्राप्त करने की चीज़ नहीं है; यह हमारी प्राकृतिक अवस्था है, जिसे अज्ञान और अशांति ने छिपा रखा है। जब हम सभी अस्तित्व की एकता को पहचानते हैं, तो यह शांति स्वाभाविक रूप से उत्पन्न होती है। यह एक ऐसी शांति है जो बाहर की ओर फैलती है, न केवल व्यक्ति को बल्कि पूरे संसार को रूपांतरित करती है।

आइए, एक वैश्विक परिवार के रूप में, अद्वैत वेदांत के ज्ञान को अपनाएँ। हम स्वयं को अलग-अलग संस्थाओं के रूप में नहीं, बल्कि एक ही अनंत प्रकाश के प्रतिबिंब के रूप में देखें। प्रेम, करुणा और समझ के साथ कार्य करें, यह जानते हुए कि ऐसा करने में हम उस दिव्य एकता का सम्मान कर रहे हैं जो हमें सभी को जोड़ती है।

इस अनुभूति में, हमें वह स्थायी शांति मिले जिसकी मानवता इतनी गहराई से लालसा करती है। आइए हम इस एकता के पथ पर एक साथ चलें, हाथ में हाथ डालकर, हृदय से हृदय जोड़कर, एक ही असीम महासागर की तरंगों की तरह।

* * * * *

www.ingramcontent.com/pod-product-compliance
Lightning Source LLC
LaVergne TN
LVHW091052150826
845673LV00002B/552